ちくま新書

生産性とは何か

——日本経済の活力を問いなおす

宮川 努
Miyagawa Tsutomu

1368

生産性とは何か——日本経済の活力を問いなおす【目次】

「使えるものは全部使うんだよ。ベストを尽くすんだよ。」

（村上春樹『ダンス・ダンス・ダンス』）

はじめに

本書は、生産性という概念を軸に、日本経済の過去・現在・未来を考えた著作である。生産性（productivity）という言葉は、経済学では当たり前のように使われているが、日頃によく使われている言葉ではなかった。ところが、日本ではこの言葉がここ数年にわかに注目されるようになっている。その最も大きな要因の一つは、二〇一七年九月に安倍首相が衆議院の解散にあたり、今後の経済政策の中核として、「生産性革命」というメッセージを発信したことにある。ご存知のように、この衆議院選挙で自民党が大勝したため、「生産性革命」も政策公約として位置づけられている。筆者は、世紀の変わり目くらいから生産性の研究を続けているが、これほどまでに生産性の問題が、現実の政策課題として取り上げられるとは想像していなかった。

ただ、生産性という言葉が、一般の人たちにとっては馴染《なじ》みのない言葉であるがゆえに、いったん注目され出すと、多くの人は自らの感覚で好き勝手な定義を与えて使ってしまう。安倍首相が掲げた「生産性革命」という言葉も、政治的スローガンとしてはありうるのかもしれないが、経済学ではほとんど目にしない。むしろ「生産性向上（productivity improvement）」という言葉の方がより適切な用語だろう。また、本書の執筆中にも保守派と言われる政治家が、「革新」的な「生産性」の解釈をして世間の注目を集めた。しかし、「おはようございます」というところを「いただきます」という意味で使っていると、人同士のコミュニケーションは成り立たない。「生産性」の場合も、これまで使われてきた定義と異なる使い方が広がると、生産性に対する間違った理解が重なっていくため、大げさに言えば適切な生産性向上が阻害され、結果的には日本経済にとっても好ましくない結果をもたらす。

筆者の手元にある『新明解国語辞典』（第五版）によれば、「生産性」とは「①原材料の量や労働者の数に対して、製品の生産される割合、②どれだけ多く生産する度合」と書かれている。またウィキペディアによれば、「生産性」は、経済学の他に言語学や生態学でも使われているそうだが、やはり経済学で使われる定義が一般的なようである。

ただこうした辞書的な定義だけでは、「生産性」がいったい何を意味するのか、またどのように理解し、現実の経済やビジネスを理解するために使っていけばよいかわからない人が多いに違いない。そこで、本書の見通しをよくするためにあえてわかりやすく述べれば、生産性とは「経済的な活力と工夫の指標」となる。自分が労力を投入する仕事に対して、どれだけの成果が得られるかは、その仕事にどれだけ意欲的に取り組み、うまく成果を出せるよう工夫するかに依存するということだ。

生産性がここまで注目されるようになったもう一つの背景には、四半世紀を超える日本経済の長期停滞がある。もし日本経済が順調に成長していれば、生産性という一般には馴染みのない言葉を、政治家があえて使うこともなかっただろう。経済の停滞は、社会から活力を失わせ、新たな工夫が生まれにくくなる。生産性の向上というのは、こうした活力や工夫がない状況を克服していく取り組みなのである。

ただ本書は、個人にもっと頑張れ、もっと知恵を出せといったような根性論を説いた著作ではない。そのことは、本書の説明の大部分が、データに基づいていることからも明らかである。近年「証拠に基づく政策判断（Evidence Based Policy Making）」ということが強調されている。わかりやすく言えば、データや現実の証拠に基づいて、合理的な判断を下すということである。本書は、それほど多くのデータを利用しているわけではないが、読者が、生産性を向上させるために合理的な判断を下せるだけの根拠を示している。

何となく「日本は十分成長してきたし、先進国の仲間入りをしたのだから、少子高齢化の中で生産性を向上させなくてもよいのではないか」という意見を持っている方もいるかもしれないが、そういう人にこそ、本書を読んでいただきたい。確かに今後の日本経済の活性化にとって、少子高齢化は大きな問題である。しかし生産性の問題は、高齢化がもたらす様々な経済問題をどのように通り抜けていくかを考える鍵になるだろう。

序章で述べるように、これまでも日本経済は、何度か再活性化の機会を逸してきた。したがって、筆者もこれからの日本経済の行方について決して楽観的な展望を持っているわけではない。そのため、第一章から第五章まで、生産性の計測からその向上要因、政策の役割などを語りつくした上で、第六章で今後の日本経済全般の課題について述べ、悲観的なシナリオと楽観的なシナリオの両方を紹介している。

どちらのシナリオに同意されるかは読者次第だが、重要なことは、どのようなシナリオになろうとも、過度に喜んだり悲嘆にくれたりしないことである。過去にも経済の先行きに対する過度の自信や不安は、不安定な経済変動へとつながってきた。本書を読んで、論理とデータに基づく冷静で合理的な判断が、将来への不確実性を少しでも和らげるのだということに気づいていただければ幸いである。

序章　生産性はなぜ注目されるようになったのか

†アベノミクスの変貌

日本の経済政策の重心が急速に変化しつつある。第二次安倍政権によるアベノミクスは、当初拡張的な金融政策によるデフレ脱却に重点が置かれていた。しかし政権発足以来五年が過ぎ、政権の中で金融政策によるデフレ脱却という目標は後退しつつあるように見える。

代わって、現時点で注目されている経済政策は「生産性の向上」である。二〇一七年五月には生産性向上国民運動推進協議会が立ち上がり、政府、財界、労働組合が一体となって生産性の向上に取り組む体制が構築された。さらに、二〇一七年の「骨太の方針」の策定にあたって、安倍首相は「人材育成と生産性向上」を強調しており、様々な生産性向上策が盛り込まれるようになった。

こうした政策転換はなぜ起きたのだろうか。最も大きな要因は、需給ギャップの縮小である。デフレからの完全脱却はならなかったものの、労働力人口の減少もあって労働市場は一九八〇年代後半に匹敵するほど逼迫《ひっぱく》した状況となった。このため、金融政策や財政政策などの短期的な政策から、構造政策への移行が進められているのではないだろうか。

二〇一八年に成立した「働き方改革」に関する一連の法律も、そうした生産性向上政策の一つとして捉えることができる。標準的な経済学の考え方では、労働市場の逼迫は名目的な賃金の上昇をもたらすが、政府と経済界はむしろ残業規制など労働時間の短縮による実質的な時間当たりの賃金の上昇を選んだと言える。しかしこうした「働き方改革」により、企業は現行の業務形態では業績を維持することが難しくなる。このため仕事の方法を見直し、より効率的な働き方を実現することで企業活動の維持を図ろうと考えているのである。この「効率的な働き方の実現」という部分を、経済学では「生産性の向上」と呼んでいる。

†アベノミクスの不思議

しかし、ここで一つの疑問が湧く。なぜいま「生産性の向上」が必要になったのだろうか。実はアベノミクス開始当初から、経済学者やエコノミストからは、拡張的な金融政策だけでなく、構造改革を通した生産性向上策も積極的に行うべきだとの声が強かった。後述するように、安倍政権が生産性向上策に無関心だったわけではないが、最初の四年間は金融政策中心の経済政策だったと言えるだろう。

もちろん、拡張的な金融政策に意味がなかったわけではない。物価は当初の期待通りには上昇しなかったものの、GDPギャップは縮小し、労働市場も劇的に改善している。しかし最終章で詳しく見るように、実はアベノミクスに入ってからの経済成長率は、年率一・一%(二〇一八年四~六月期一次速報までの実績)しかない。これは小泉政権時の景気回復期の一・八%よりも低い。

†景気循環と経済成長の違い

多くの人は、景気が良くなれば、同時に経済も成長していると思うかもしれない。しかし、景気の回復と経済成長率が高まることは、必ずしも同じではない。長期的な経済成長率は、潜在成長力とも言い、その経済の長期にわたる実力を表している。景気は、この実力にどれだけ近づいているか、またはどれだけ乖離しているかを示す指標である。実力の水準が低ければ、低い経済成長率でも好景気ということになる。一方、中国のように六~七%の経済成長をする実力がある国で四%の経済成長率になれば、中国の人は大不況だと感じるだろう。

二〇一八年はサッカーワールドカップの年なので、サッカーを例にとると、世界ランク六〇位(二〇一八年五月時点)の日本にとって、グループリーグを勝ち抜いて十六強に入ることは大きな喜び（つまり好景気）だが、世界ランク五位（二〇一八年五月時点）のアルゼンチンにとって、十六強で終わることはこの上ない敗北感（つまり不況感）なのだという説明をすればわかってもらえるだろうか。

実は経済にも世界ランクというものが存在する。最もよく使われる指標は一人当たりGDPだろう。第一章で詳しく述べるが、二〇一六年度の「国民経済計算年報」によれば、日本のランクは一八位である。しかし、これは先進国クラブである経済協力開発機構（OECD）加盟国の中だけの順位なので、OECD加盟国以外で日本より一人当たりGDPの高い国や地域は含まれない。シンガポールや香港などは、OECDに加盟していないが、一人当たりGDPが日本より高い水準にあるので、アジアの新興地域も含めた世界ランクは二〇位程度と考えてよいだろう。

日本の経済ランクは、昔から二〇位程度だったわけではない。一九九〇年代はトップ一〇（一九九四年は第三位）に入り、アジアで最も経済的に豊かな国だったのである。それがこの二〇年余りで、低成長率が続き一人当たりGDPが増えず、他国に抜かれ、トップ一〇から落ち、いまやトップ二〇からの陥落も目前という状況である。

†「生産性向上」は長期的課題

詳しい議論は、第一章以下で展開するが、生産性向上は、この一人当たりＧＤＰの上昇とほぼ同じと考えてよい。ＧＤＰは一国全体の生産量だが、国民一人一人が、どれだけこの生産に貢献しているかが、マクロの意味での生産性である。

ただ、このように書くと、そんな生産の効率性だけを議論しても意味がないだろうという反論が返ってくる。しかし生産されたものは最終的に誰かに売られ、その収入は、生産に寄与した国民の所得となる。つまり一人当たりの生産が増えるということは、人々の所得が増えることにつながるのである。所得が増加すれば、人々は様々な財・サービスの購入を通して、生活水準を引き上げることができる。つまり生産性の向上は、最終的には生活水準の向上へとつながっていくのである。

したがって、「生産性向上」という政策的課題は、安倍政権という一政権だけの課題ではなく、これまでの政権も政策的課題として取り組まなくてはならない課題であったことがわかる。安倍政権は、これまでの政権が本格的に取り組んでこなかった問題をようやく認識し、実行に移そうとしているに過ぎない。

それではなぜ、日本はもっと早くから「生産性向上」の課題に正面から取り組まなかったのか、いや取り組めなかったのか。この問題をくまなく説明することは、バブル崩壊後の日本経済の足取りを辿る作業に等しい。そうした作業は、本書の趣旨からはずれるので、ここでは、筆者がなぜ生産性という課題に取り組むようになったかを述べることで、日本経済が辿ってきた経緯の説明に代えたい。

†バブル崩壊と不良債権

バブルが崩壊した直後、筆者は日本開発銀行（現日本政策投資銀行）から日本経済研究センター（以下日経センターと呼ぶ）に出向した。日経センターでは、当時経済企画庁から出向してきた谷内《たにうち》満《みつる》氏（現早稲田大学教授）を助けて、中期の経済予測をすることになった。当時の筆者は、設備投資の分析についてはそれなりの知識があったが、日本経済の全体像となると全くの素人であった。そこで、バブル崩壊後の日本経済の問題点について、香西《こうさい》泰《ゆたか》理事長や当時日本銀行の調査統計局に在籍されていた早川英男氏（現富士通総研エグゼクティブ・フェロー）に尋ねることにした。すると、お二人ともに「不良債権を何とかしなくてはいけない」とおっしゃるのである。

この指摘は、筆者にも納得できるものだった。実はバブル期に二年九カ月ほど日本開発銀行の審査部に在籍したことがある。銀行の審査部は、企業に対する貸出の可否を審査する部署である。銀行が企業に貸出を行う際には、資金を貸し出した後の企業の収支予想を行い、資金が返済できるかどうかを判断している。企業の売上予想は、その収支予想の重要な一部分だが、多くの場合経済全体の成長率に、業界や企業の特徴を加味して予想する。その意味で経済全体の成長率は、企業の貸出判断に重要な影響を与えることになる。バブルの崩壊は、この経済全体の成長率を大きく下振れさせることになる。

このことは、バブル期の融資判断の基礎が根底から崩れることを意味している。経済成長率が四％から二％に半減したら、返済が難しくなる企業が続出する。深刻なのは、こうした融資がバブル期に過剰なリスクを取って行われたのではなく、日常のルーティーン的な判断作業の一環として行われていたことである。

もちろんこうした点は政府も認識していただろう。バブルが崩壊した時点で、政府がとりうる政策としては二つあったように思う。一つは、十分な流動性（すぐに調達することのできる資金ソース）を確保しつつ、金融業界の構造改革を行い、不良債権を減少させることである。もう一つは、経済成長率を一九八〇年代後半の水準に戻すことである。経済成長率が戻れば、当時の貸出の多くは当初の判断通りとなり不良債権化は免れる。

この二つの選択肢のうち、当時の政府は後者を目指した。政府は巨額の財政支出によって経済成長率を一九八〇年代後半の水準に戻そうとしたのである。しかし、その方法は間違っていた。アベノミクスの政策評価でも述べたように、財政・金融政策は基本的には短期の政策であり、バブル崩壊に伴う不況がもたらす雇用不安を和らげることはできるが、長期的な経済成長率を変更させる力はない。事実、巨額の財政支出にもかかわらず経済成長率は上向かず、その間不良債権はさらに累積を続けたのだった。

筆者は、日経センターに在籍している間は、日本経済新聞や経済誌に不良債権問題に警鐘を鳴らす論稿を書いていたが（宮川、一九九二。他に香西・野口、一九九二や岩田、一九九二が初期の論稿である）、多くの民間エコノミストは、自分の勤め先の問題でもあり歯切れが悪かった。かつては、オープンに議論をしていた官庁や日本銀行のエコノミストもこの問題についてはほぼ口をつぐんでいた。金融危機が起きる前にこの問題を取り上げた経済学者やエコノミストは、私の知る限り、立正大学の池尾和人教授やデービッド・アトキンソン氏くらいである（池尾、一九九五。アトキンソン、二〇一四）。そうしているうちに事態は悪化の一途を辿り、一九九七年一一月に、ダムが決壊するがごとく三洋証券、北海道拓殖銀行、山一證券など、日本を代表する金融機関が経営破綻に追い込まれる(この間の経緯を詳しく書いたものとして前田、二〇一五)。

†生産性問題へ関心を移す

金融危機によって不良債権問題が明るみに出ることにより、皮肉なことに不良債権関連の分析は増加した。しかし筆者自身には無力感が強かった。不良債権がなぜ生じたかはだいたいわかっていたし、大きな金融危機を起こしてしまった以上、その後に続く悲惨な現実(多くの企業倒産、自殺者の増加や非正規雇用の増加など)は止めようがなかったからである。筆者自身ができることは、政府系金融機関の一員として、商工会議所で「貸し渋り」に対応した融資の説明を行うことや、その相談に乗ることだけであった。

個人的には、不良債権問題よりも、この問題が一段落した後の日本経済をどう立て直すかの方に関心が移っていた。金融危機が起きた一九九〇年代後半には、米国でIT革命が起き、グーグルやアマゾンが新しいビジネスを始めていた。日本はすでにダウンサイジング化で後れをとっていたため、IT革命を利用した新たなビジネスへとキャッチアップしていかなくてはならない局面にあった。しかし社会人としてこうしたマクロの経済問題を考えることには限界があり、現在勤務している学習院大学からお話をいただいたのを機会に転職を決意した。

ちょうどそのときに、大学を卒業したころから一緒に勉強会をしていた一橋大学の深尾京司教授から、潜在成長力の研究会へのお誘いをいただき、喜んで参加することにした。深尾氏のプロジェクトは内閣府の経済社会総合研究所のプロジェクトであった。政府もようやく長期にわたる日本経済の停滞の要因の一つが潜在成長力、すなわち日本が長期に持続して成長していける力の低下にあるのではないかと思い始めたのである。すでに生産年齢人口の減少は始まっており、供給側から見た成長の源泉は、資本の増加か生産性の上昇であった。

深尾氏のプロジェクトは、マクロレベルでこの問題を考えるのではなく、産業レベルでこの問題を考えることができるようデータベースを作成することから始まった。これが後に述べる日本産業別生産性データベースの始まりである。このプロジェクトは、世紀の変わり目に行われたが、当時の政府は生産性やIT投資に関して公式に推計したデータを公表していなかった。現在も生産性に関しては、直接データをとることはできず、既存のデータから各人が推計することで求められるようになっている。政府は、公式統計もなしに、長年ＩＴ促進策などを推進してきたのだから驚くほかはない。

†先進国間の連携プロジェクト

深尾教授が始めたプロジェクトはタイミングが良かった。ちょうどＥＵでも同様のプロジェクトが開始されたからである。ＥＵでは、アジア諸国の台頭によって既存産業の成長が衰え、かといって米国のＩＴ革命のような新しい技術を利用した産業の成長も見られなかった。このため今後の成長の源泉を探るために、産業別の生産性データベースを作成するプロジェクトが始まったのである。これがＥＵＫＬＥＭＳプロジェクトである。このプロジェクトにハーバード大学のデール・ジョルゲンソン教授がアドバイザーとして参加し、さらに日本や韓国のチームも加わることにより、先進国間で生産性データに関する共通の理解とデータの交換が可能になったのである。

†脆弱だった二〇〇〇年代の日本経済

二〇〇〇年代に入って、研究者間ではグローバルに生産性を議論する土壌ができあがったが、一般には生産性向上の必要性は浸透していなかった。不良債権問題は、二〇〇〇年代半ばに峠を越えたが、その後は中国を中心とした世界経済の好況により、日本経済を根本から立てなおすという問題意識は起きなかった。輸出の好調が景気を支え、液晶TV、DVD、デジタルカメラの生産が好調だったこともあり、従来型日本経済への期待が復活していた。

しかし、産業別生産性だけでなく、日中韓の企業別生産性の結果を見ていた筆者は楽観的にはなれなかった。二〇〇〇年代半ばには、電気機械の分野では、韓国企業は日本企業に追いついており、その他の産業でも韓国や中国の企業は日本企業とのギャップを縮めていた。二〇〇〇年代の好景気が脆弱な基盤の上に成立していたということは、二〇〇八年から始まる世界金融危機の際に、日本が危機の発信元ではないにもかかわらず、先進国の中でGDP成長率の低下幅が最大であったことからも明らかであろう。

†生産性向上が後回しになる理由

世界金融危機によって日本経済が再び落ち込む間に、中国はGDPで日本を抜き去り、二〇一〇年代を通して差は広がるばかりであった。また電気機械産業に属する企業を中心に経営に行き詰まる企業が続出し、韓国のサムソンやLGとは大きく差が開いた。ここに至って、日本人の多くは、日本が多くの分野で国際競争力を失っていることにようやく気づいたのである。

それでも、経済政策の中心は金融政策であった。金融政策や財政政策が選ばれる背景には、経済の需要面が供給面に追いついていないという理由の他に、政治的に利用しやすい政策であるという点が挙げられる。金融政策や財政政策は、広くかつ比較的均等に恩恵が行き渡るのに対し、生産性向上策は、成長可能性のある産業や企業に恩恵を与えるなど、短期的には政策の恩恵が公平に行き渡るわけではない。

現在議論になっている労働市場改革も、全体の賃金を上昇させるというのではなく、職種によって働き方を変えていくことによって生産性を向上させ、時間を経てその恩恵を全体で受けるという考え方に基づいている。こうした間接効果も含めて経済全体が改善するという考え方は理解されにくく、それゆえに生産性向上策（または構造改革や成長戦略）への取り組みが遅れるのである。

†生産性回復のために

筆者が問題意識を持ち始めてから約二〇年が経つ。この間、生産性向上の問題は先送りされ、その結果日本経済の停滞は続き、日本企業の国際競争力は低下し、様々な分野で日本の技術は劣位になりつつある。先送りを繰り返してきた課題に今後どのように対処していくかについては、最終章にあらためて述べるが、その前に課題となっている「生産性」という概念をより正確に知る必要があるだろう。

ただ生産性と言っても、「生産性向上策」が注目されるようになってから競うように出版された「生産性」の解説本とは少し違っている。その種の解説本は、企業における業務の効率化を通して生産性をいかに向上させるかということを中心に書かれたものが多い。確かにミクロレベルや、日々の業務の見直しが生産性向上に不可欠であることは否定しない。しかし、それは特に「生産性」の名前を借りなくても、日々実行されなくてはならないことではないだろうか。

†本書の特徴

筆者は経済学者であることから、本書では経済学で利用されている「生産性」の概念を基本として、生産性向上のために理解してもらいたい事実や必要な対策を論じている。もちろん本書でも企業経営に触れ、企業経営のあり方が生産性向上に大きくかかわっていると論じている部分もあるが、それは最近経済学で一分野を築きつつあるEconomics of Managementという分野からの成果を説明したものである。

これまでの伝統的な経営学では、事例によって経営の成功例などを理解していく手法が多く見られた。しかし、Economics of Managementでは、企業行動に関するデータをできるだけ集め、計量的手法によって企業行動の妥当性を検証していく。特定の企業の事例を見るのではなく、多くの企業のデータから傾向値や成功要因を抽出するのである。

こうした手法のパイオニアである、スタンフォード大学のニコラス・ブルーム教授やMITのジョン・ヴァン・リーネン教授らは、Economics of Managementは、従来型の経営学のアプローチに対して補完的な役割を果たすと述べている。確かにある会社の成功事例を真似たとしても、同様のことが達成できるとは限らず、その企業の属性（企業規模や企業年齢などを指す）や市場環境も考慮に入れて判断をしなくてはならない。Economics of Managementは、そうした企業属性や市場環境も考慮しても、なお企業が企業価値や生産性を向上する要因を探る手助けをする分析と言える。

†本書の構成

本書ではまず第一章で、「生産性」の概念を説明する。巷では様々な「生産性」の解釈が使われているようだが、アダム・スミスの時代から「生産性」を考察してきた経済学では、「生産性」にきちんとした定義が与えられている。もちろん何種類かの定義が存在するが、それらはいずれも国際的に学会で共有されている概念であり、かつ様々なデータを利用して計測可能なものである。つまり決して、独りよがりの「生産性」の定義や計測を展開しているわけではない、ということを強調しておきたい。

第一章では、この「生産性」の概念をわかりやすく解説するとともに、それが現実経済の解釈にどのように使われているかを説明する。同時にこうした生産性を計測するためのデータについても紹介する。

第二章は、経済学という学問分野で、「生産性」の概念や計測がどのように発展してきたかを解説する。右に述べたように、「生産性」の概念は、アダム・スミス以来利用されており、経済学の中では不可欠な概念の一つである。この章では、経済学の長い歴史の中で、生産性がどのような形で注目され、研究されてきたかを述べるとともに、それらの研究が現実経済を把握するのにどのように役立ってきたかを述べる。また日本において、生産性がどのように捉えられてきたかについても言及する。

第三章は、「生産性」を向上させる要因について考察する。長らく経済学者は、その代表的な要因は、研究開発投資による知識の蓄積だと考えてきた。しかし、一九九〇年代後半からIT革命によって新たな産業が生産性向上の主役となるにつれて、単に研究開発だけでなく人材や経営組織など、より広範な要因が生産性を向上させる要因として認識され始めている。この章では、こうした生産性向上の要因が、日本や他の先進国でどのような動きをしているかを、データを利用して説明する。

第四章は、マクロ・産業レベルの「生産性」を考察した第三章に対し、企業レベルの「生産性」に眼を転じる。すでに述べたように、経済学の分野でも大量の企業レベルのデータを利用することで、企業レベルの生産性向上要因を探る研究が増えている。これらは「企業動学」「Economics of Management」「Organizational Economics」とも言われている。ここでは、こうした企業レベルのデータを使って生産性向上の要因を探る研究を紹介する。企業レベルで生産性向上を考えると、経営能力や経営組織のあり方が重要になる。このため、章の後半では、筆者が行った日韓の経営管理調査の結果などを紹介する。

第五章では、政府が生産性向上に対してどのようなことができるかを議論する。本章を貫く考え方は、基本的には生産性向上は民間主体の経済活動であり、政府は補助的な役割に留まるべきというものである。そうした認識の上で、社会資本の整備、規制緩和、労働市場改革などの役割をとりあげる。また政府自身が民間の効率的な業務遂行のために、自らの業務をどのように効率化すべきか、ということについても述べる。

最終章となる第六章は、「生産性」の問題を超えて、広く日本経済が直面する課題について述べる。本章では、アベノミクスの評価に始まり、これまでの政策が後手にまわってきた付けとして、今後の日本経済には厳しい局面が訪れると予想する。その際の選択肢としては様々な考え方があるが、本書の考え方としては成長志向をとらざるを得ないこと、そのためにこれまでの前例踏襲的な仕事の方法を見なおしていかざるを得ないことを主張する。成長を志向しない考え方もとりあげるが、こうした考え方については批判的に検討する。

✝それでも「生産性」は謎である。

ここまで、読んでいただいた方には、「生産性」という概念や、なぜ現在の日本経済に「生産性の向上」が必要かをおぼろげに理解していただけたのではないかと思う。また「生産性」という概念が、経済学の中で、長い歴史を有する概念であり、多くの経済学者や経済専門家が、この概念を現実経済に利用してきたことについても知っていただけたと思う。その意味で、「生産性」というのは確立した概念であり、その基本を理解することはそれほど難しいことではない。最近の金融政策の議論を理解する方が、よほど知的訓練を必要とする。

しかしながら、一方で「生産性」をめぐる議論は、いまだにトップクラスの経済学者や経営の専門家たちの興味を掻き立てている。その背景には、生産性を向上させる要因が、次から次へと提起されていることにある。産業構造の転換や新たな技術の登場は、生産性向上の源泉を絶えず変化させているのだ。

本書は、一般向けの入門書ではあるが、一部最先端の研究も紹介している。したがって「生産性」に関する基本的な知識を知っていただくと同時に、「生産性」を通して、現実経済と格闘している研究者や専門家の考え方にも触れていただけたらと思う。我々は、今後とも「生産性」を無視して経済や経営を語ることはできないのだから。

第一章　生産性の概念と日本経済

†一般的な企業の生産活動と生産性

私たちの多くは、日々企業で働き、その売り上げの中から給料（経済学では賃金と呼んでいる）をもらって生活している。私たちの労働は、企業が提供する財やサービスの生産に欠かせないものだが、企業は労働だけで生産を行っているわけではない。私たちを取り巻く様々な機械や原材料も生産には欠かせないものである。経済学では、この生産に要する設備を資本、原材料を中間投入と呼んでいる。労働、資本、中間投入という生産要素を使って、企業は生産活動を行っている。

例えば鉄道事業を考えてみよう。鉄道事業が生産しているものは、旅客をある地点から別の地点へ移動させるサービスである。このサービスの生産にあたって、鉄道会社は、様々な生産要素を利用しているが、おおむね上記の三種類の生産要素に分けて考えることができる。例えば、電力サービスは、列車を動かす上では不可欠な要素だが、これは中間投入にあたる。そして駅舎やレール、車両もなくてはならない生産要素で、これらは資本に分類される。

中間投入と資本は、生産要素を使用できる期間の違いによって分類されている。電力は

生産性＝産出物（または付加価値）／生産要素の投入量

式1　生産性を表す式

列車を動かすためにすぐに消費されてなくなってしまうが、駅舎や、レール、車両は長期間使用することができるため資本に分類されている。最後に、労働は鉄道を動かすために必要な運転手、駅員の人たちである。

こうした例は、どの企業についてもあてはまる。なお、中間投入物は、別の企業の生産物でもあるので、それをそのまま使っているだけでは企業は新たな価値を生み出したことにはならない。したがって新たな価値の追加分（これを付加価値と呼ぶ）は、資本と労働によって生み出されることになる。経済学では、上記の定義とは別に、資本と労働によって生み出される付加価値を、生産過程と考えることもある。

生産性とは、こうした生産要素を投入してどれだけの産出物や付加価値が生み出されるかを測る指標である。したがって一般的には、生産性は式1のように表される。いま二つの企業（企業Aと企業B）があるとして、同じ量の生産要素を使いながら、企業Aが企業Bの倍の生産量（または付加価値量）を達成しているとすると、企業Aは、企業Bよりも生産性が高いことになる。ただ、通常各企業の生産要素使用量は異なっているので、生産性を比較するには少し

労働生産性＝生産量（付加価値量）／労働投入量

式２　労働生産性を表す式

工夫が必要である。ここでは、よく利用されている二つの生産性の指標を紹介しよう。

労働生産性の考え方

最初に紹介するのは、労働生産性という指標である（式2）。これは労働者一人当たりどれくらいの生産量（または付加価値量）が達成できているかで計測する、生産性の指標である。

労働者一人当たりの生産性といった場合は、上の式の労働投入量を労働者数で測った場合である。ただ、同じ労働者数でも労働時間が異なる場合がある。片方の企業が残業の多い企業であり、もう一方の企業の労働者はほとんど残業がない場合は、同じ労働者数でも労働生産性は違ってくる。したがって労働生産性をより正確に計測しようとすれば、人数だけでなく労働時間も考慮して労働投入量を労働者数×総労働時間数（これをマンアワーと呼ぶ）にして、労働時間単位当たりの生産量にした方がよい。このため労働時間が把握できる場合は、分母はできるだけマンアワーで測られている。

先ほどの鉄道の例を少し単純化して、乗降客数を生産量、労働投入量を駅員の数と考えてみよう。ある駅ではかつて一〇人ほどの駅員が勤務していたが、最近では自動改札や自動券売機が普及したために五人ほどの駅員で済むようになったとしよう。そのとき生産量の目安であるその駅の乗降客数が変わらなかったとすると、式2の分子は変化せず、分母が半分になっているので、労働生産性は二倍に上昇したことになる。こうした計算を企業全体に拡大したとき、売上高を生産量と考え、従業員数を労働投入量と考えれば近似的に労働生産性を計算することができる。

†企業全体の生産効率性→全要素生産性(TFP)

しかし労働生産性だけで、本当に企業の生産過程の効率性が測れるのであろうか。例えば、先ほどの自動改札や自動券売機のおかげで労働生産性が上昇した例では、自動改札や自動券売機というのは資本に分類される生産要素である。この例では、自動改札や自動券売機が増加しても乗降客数が変わっていないので、資本生産性(生産量〔または付加価値量〕/資本量)は低下していることになる。またこうした機械の増加で電気の投入量も増えているので、中間投入生産性(生産量/中間投入量)も減少しているかもしれない。

全要素生産性（ＴＦＰ）＝生産量（または付加価値量）
／各投入要素の集計量

式3　全要素生産性

したがって、本当に企業全体の生産効率性を測ろうとすれば、投入された生産要素全体に対してどれだけ生産が行われているか、または付加価値を生み出しているかということが測られなくてはならない。こうした考え方のもとに考え出された生産性の概念が、全要素生産性である。全要素生産性は、英語ではTotal Factor Productivityと書き、通常はＴＦＰと略称されているため、以下では本書でもこの略語を使用することにする。

ＴＦＰを労働生産性のように書くとすれば式3のようになる。しかしＴＦＰの計算は、労働生産性ほど簡単ではない。それは分母の「各投入要素の集計量」が簡単には計測できないからである。例えば労働投入量は人または時間で測るが、車両のような資本は一両、二両というように数える。このように数える単位の異なる生産要素同士を足したり引いたりすることはできない。

そこで、経済学者は通常ＴＦＰを計測する際に、水準で考えるのではなく変化率で考えている。それは変化率であれば、数え方の異なる生産要素でもすべてパーセントで表すことができるからである。上の式を変化率で表すには、多少数学的な操作が必要なのだが、その過程を飛ばして結論だけを書く

TＦＰ変化率＝生産量変化率－労働分配率×労働投入量の変化率－資本分配率×資本投入量の変化率－中間投入量分配率×中間投入量の変化率

TＦＰ変化率＝付加価値量の変化率－労働分配率×労働投入量の変化率－資本分配率×資本投入量の変化率

式４　TＦＰ変化率

と式４のようになる。

この式の直感的な理解は以下のようなものである。通常生産量を増やすためには、生産要素の投入を増やさなくてはならない。もし生産量の増加率を達成するために、各生産要素も同じだけ増加させなくてはならないとすれば、生産効率の上昇、すなわちTFPの上昇はない。しかし、生産要素の投入以上に生産量の変化が大きければTFPはプラスとなり、生産過程全体の効率性は上昇したと考えるのである。

式４で、それぞれの生産要素の変化分に、各生産要素の分配率がかかっているのは、各生産要素の寄与の大きさを分配率でウェイト付けしたものと考えればよい。労働力、資本、中間投入の三つの生産要素で生産が行われる場合、各分配率の合計が一〇〇％となり、労働力と資本によって付加価値が生まれるから、それぞれの付加価値を分母とする各分配率の合計も一〇〇％となる。

簡単な数値例で考えると、いま生産量の変化率が三％で、労働投入量の変化率が一%、資本の変化率が三%、中間投入量の変化率が二%とする。それぞれの分配率が、二〇%、一〇%、七〇%とすると、TFP変化率は式5のように一・一%となる。

TFPの事例——湘南新宿ラインと旭山動物園

また鉄道事業の例でTFPを考えてみよう。JR東日本は、二〇〇一年から「湘南新宿ライン」という、藤沢、茅ヶ崎などの湘南地区と渋谷、新宿、池袋、さらに宇都宮線・高崎線方面を直接結ぶ路線の運用を開始した。この路線は、新しい路線ではあるものの、東海道線、山手線の貨物線などを利用するために、全く新しく建設された路線ではない。車両や電気使用量は多少増えるが、それでもつくばエクスプレスのような全くの新規路線とは異なる。すなわち既存の資本設備をうまく活用して湘南地区の通勤客の獲得に成功した事例である。この新たな路線によって、JR東日本は、生産要素投入をできるだけ抑えながら、湘南地区からの乗客増を実現したのである。つまりこの事業ではTFPの上昇が達成されていると考えることができる。

$$3\% - 0.2 \times 1\% - 0.1 \times 3\% - 0.7 \times 2\% = 1.1\%$$

式5　TFP変化率の計算例

それでは具体的にこの事業においてTFPを上昇させる要素とは何だろうか。一つは貨物線を利用して旅客を通すというアイデアそのものである。そして二つ目は湘南地区の住民にとって魅力的なダイヤの提供であろう。もし、湘南新宿ラインの停車駅が、山手線や京浜東北線のように多ければ、湘南地区から新宿地区への移動に時間がかかり、湘南地区の住民にとってはそれほど魅力的にはならなかっただろう。停車駅の数を少なくしたダイヤで運用したからこそ、湘南地区から新宿地区への移動時間が短縮され、魅力的な路線となったのである。

このような例は他にも見出すことができる。例えば動物園を考えてみよう。動物園にとっては入場客数を収入すなわち生産量として捉えることができる（厳密には、動物園の入場客数や収入は、動物園のサービス生産とは異なる。しかし、ここでは動物園でのサービスが生産された分だけ入場者が訪れていると考える）。一方、生産要素は、動物（この業種の場合、動物は資本とみなすことができる）や飼育員（労働投入）、餌（中間投入）が主要なものと考えられる。動物園ではパンダのような特別な動物もいるが、たいていはどこでも同じ種類の動物を公開している。それなのに、なぜ動物園の入場者数に差がつくのだろうか。

一つは立地の問題がある。大都市の中や、大都市に近接している場所は、近隣の住民が動物園に来るので、自然と入場者数が多くなる。しかし、それだけでは説明できないこともある。例えば北海道の旭山動物園は、年間で三〇〇万人を超える入場者を記録したこともある日本有数の動物園だが、所在地の旭川市は人口一〇〇万人にも届かない地方の中堅都市である。このような地方の動物園が魅力的になったのは、立地や生産要素以外の要因、すなわち、入場者に対する動物の見せ方、触れ合いのための工夫が、入場者増をもたらしていると考えられる。この生産要素の増加以外の収入増加の要因もＴＦＰに相当する。

このような例を見ると、いや、鉄道のダイヤや動物の魅力的な見せ方などは、労働者が考え出すものだから、そうした生産性の上昇は人に帰属するのではないか、という反論があるかもしれない。確かにその通りなのだが、一般的に労働投入を考える場合は、どの産業、企業にも共通の指標で計測するので、学歴の違いなどは反映できるのだが、詳細な能力の差は計測できておらず、結果的に標準的な労働者の人数や総労働時間数などで測られている。したがって、産業特有の能力や企業内で磨かれた能力などは、ＴＦＰに含まれることになる。この問題は非常に重要なので、また第三章の人材投資の部分でとりあげることにする。

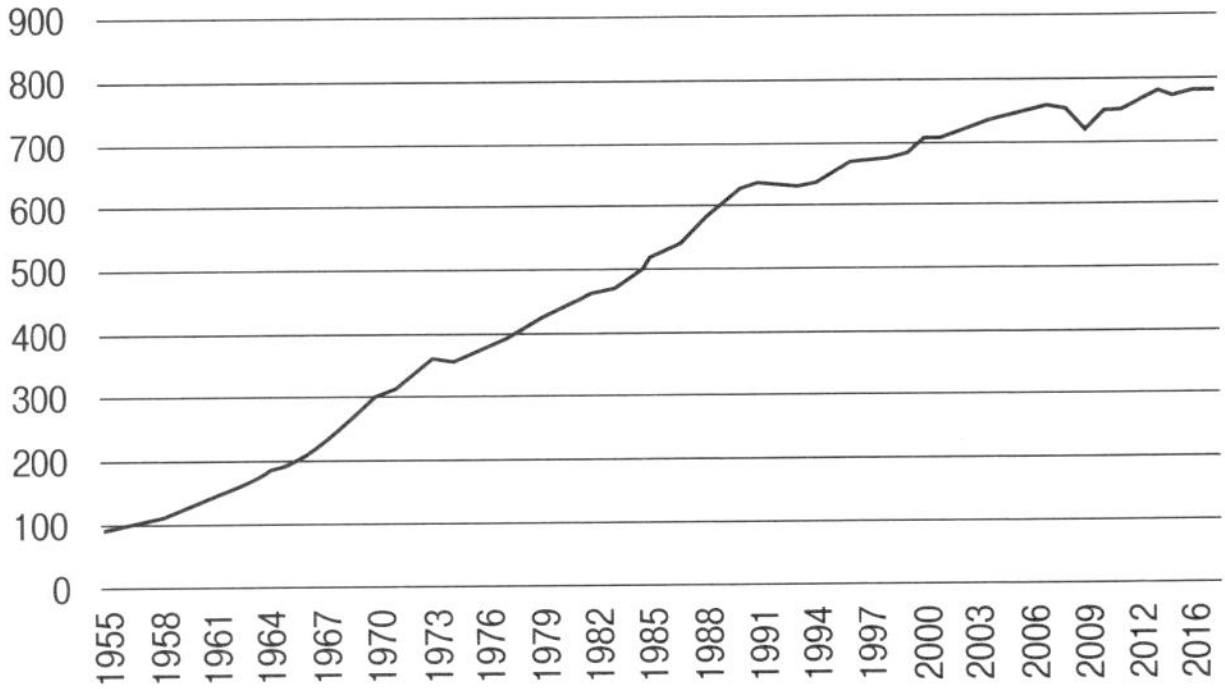

図1－1　就業者1人当たり実質GDP（万円、2011年連鎖価格）
出所　内閣府『国民経済計算』　縦軸の単位は万円（2011年連鎖価格）、横軸の単位は年。

†労働生産性と日本経済

それでは、日本の労働生産性はどのような動きをしてきたのだろうか。一国全体の労働生産性を近似的に把握するのであれば、国全体の付加価値の合計であるＧＤＰを就業者数で割ればよい。これを示したものが、図１－１である。これを見ると、高度成長期が始まった一九五五年の労働生産性は、九五万円である。それが約六〇年後の二〇一六年には七八〇万円と約八倍に増加している。これは戦後日本経済の労働生産性が、毎年五％ずつ増加してきたことを示している。

それでは、国際的に見て日本の生産性はどの程度なのだろうか。これを知るためには、より近似的な指標として、内閣府が公表している「国民経済計算」に掲載されている一人当たりGDPの国際比較表を使うのが便利だ。長期的に見れば、労働者の数と国民の人口とは、ほぼ比例して推移しているからである。

「国民経済計算」の二〇一六年度版を見ると、一九九五年の日本の一人当たりGDPは、四万三四四〇米ドルで、先進諸国のグループであるOECD加盟国中第三位であった。一位がルクセンブルク、二位がスイスであることを考えると、日本は先進国の中の大国では実質トップであったと言える。しかしながら、二〇一六年には三万八九六八米ドルと低下して、OECD加盟国中一八位となっている。この二〇年間でシンガポールなどOECDには加盟していない国で、日本より一人当たりGDPが高い国が現れているので、日本の順位は実質的に二〇位前後と考えられる（表1-1）。

日本生産性本部は、「労働生産性の国際比較　二〇一六年版」で、OECDや世界銀行など様々な国際機関のデータを利用して労働生産性の国際比較を行っている。この中で世界銀行のデータを使った労働生産性の順位で見ると、一九九五年の日本の労働生産性は二九位で、二〇一四年は三一位である。全体的に順位が低下している理由は、先進国だけでなくカタール、ブルネイなどの産油国が上位に入っているためである。一九九五年の順位が、「国民経済計算」より低い理由は、米ドルへの換算レートに、その時点の為替レートではなく、購買力平価を使っているためである。購買力平価とは、生活に必要な財やサービスの価格が二つの国で均等化するような為替レートのことをいうが、一九九五年の購買

1995年			2016年		
順位	国名	米ドル	順位	国名	米ドル
1	ルクセンブルク	52718	1	ルクセンブルク	100375
2	スイス	48228	2	スイス	79875
3	日本	43440	3	ノルウェー	70870
4	デンマーク	35374	4	アイルランド	65085
5	ノルウェー	34877	5	アイスランド	60537
6	ドイツ	31872	6	米国	57591
7	オーストリア	30328	7	デンマーク	53570
8	スウェーデン	29915	8	オーストラリア	53203
9	オランダ	28882	9	スウェーデン	51790
10	米国	28749	10	オランダ	45650
11	ベルギー	28566	11	オーストリア	44715
12	フランス	27055	12	フィンランド	43433
13	アイスランド	26246	13	カナダ	42324
14	フィンランド	26273	14	ドイツ	42232
15	英国	23012	15	ベルギー	41430
16	オーストラリア	21460	16	英国	40380
17	カナダ	20613	17	ニュージーランド	40103
18	イタリア	20597	18	日本	38968
19	アイルランド	19222	19	イスラエル	37192
20	イスラエル	18094	20	フランス	36876
21	ニュージーランド	17256	21	イタリア	30669
22	スペイン	15432	22	韓国	27608
23	ギリシャ	12960	23	スペイン	26636
24	韓国	12333	24	スロベニア	21655
25	ポルトガル	11782	25	ポルトガル	19872
26	スロベニア	10698	26	チェコ	18486
27	チェコ	5786	27	ギリシャ	17882
28	チリ	5156	28	エストニア	17735
29	ハンガリー	4495	29	スロバキア	16530
30	トルコ	3901	30	ラトビア	14072

表1-1　OECD 諸国の1人当たり GDP（米ドル）順位
出所　内閣府「国民経済計算」

力平価は、実際の当時の円・ドルレートよりもはるかに安い。このため日本の労働生産性も米ドルベースでは安く評価されるのである。

この二〇年間、日本の労働生産性は上昇しているのに、一人当たりGDPが低下して順位が低下しているのには理由がある。一つは、「国民経済計算」の順位は米ドルに換算されているため、日本円が米ドルに対して安くなると、結果的に米ドルで評価した日本の所得は低下する。つまり国内での所得は上昇しても、日本人の国際的な購買力は低下しているのである。もう一つは、日本の労働生産性が上昇していても、他の先進国の労働生産性がそれ以上に上昇しているため、日本の順位は低下することになる。

†労働生産性と賃金

国内で生産されたものは、すべて生産に寄与した生産要素に分配される。つまり、GDPはすべて労働に対する報酬または資本所得に分配されることになる。このため、一人当たりGDPというのは、一人当たりの国民所得（労働所得+資本所得）に等しい。その意味で、労働生産性の上昇は、一人当たりの国民所得を上昇させる。

ただ資本所得というのは、銀行預金や保有株式に対する利子所得や配当所得のことなので、すべての人がこうした金融資産を多数保有しているわけではない。このため、一般的には、労働生産性の上昇が、労働所得すなわち賃金を上昇させるかどうかに注目が集まる。

非常に単純化して考えると、労働生産性が上昇するということは、その労働者が生産した量が増えるということを意味するので、労働者一人当たりの売り上げが増加することになる。先ほども述べたように売り上げに対する労働者への分配割合が変わらなければ、売り上げの増加分の一部は賃金に回されるので、労働生産性の上昇とともに賃金は上昇する。

このように説明すると、次のような質問が出される。企業は常に競争にさらされているので、生産性が上昇した分、製品価格が低下したら、賃金は上昇しないのではないか、と。確かに賃金は上昇しない。しかし賃金を変化させずに製品価格が低下するのだから、賃金を製品価格で割った実質賃金は上昇する。実質賃金が上昇するということは、いままでの賃金でより多くの商品を購入できることを意味するので、物価が変化しない中で、賃金が上昇することと同じ効果をもたらす。消費者にとって重要なのは、貨幣で換算した給料をいくらもらえるかではなく、その給料でどれだけの商品が買えるかだからだ。

実際に図1-2で労働生産性の伸びと実質賃金の伸びを見ると、若干の違いはあるものの、おおむね労働生産性と実質賃金は同じような方向で変化をしている。例えば一九九〇

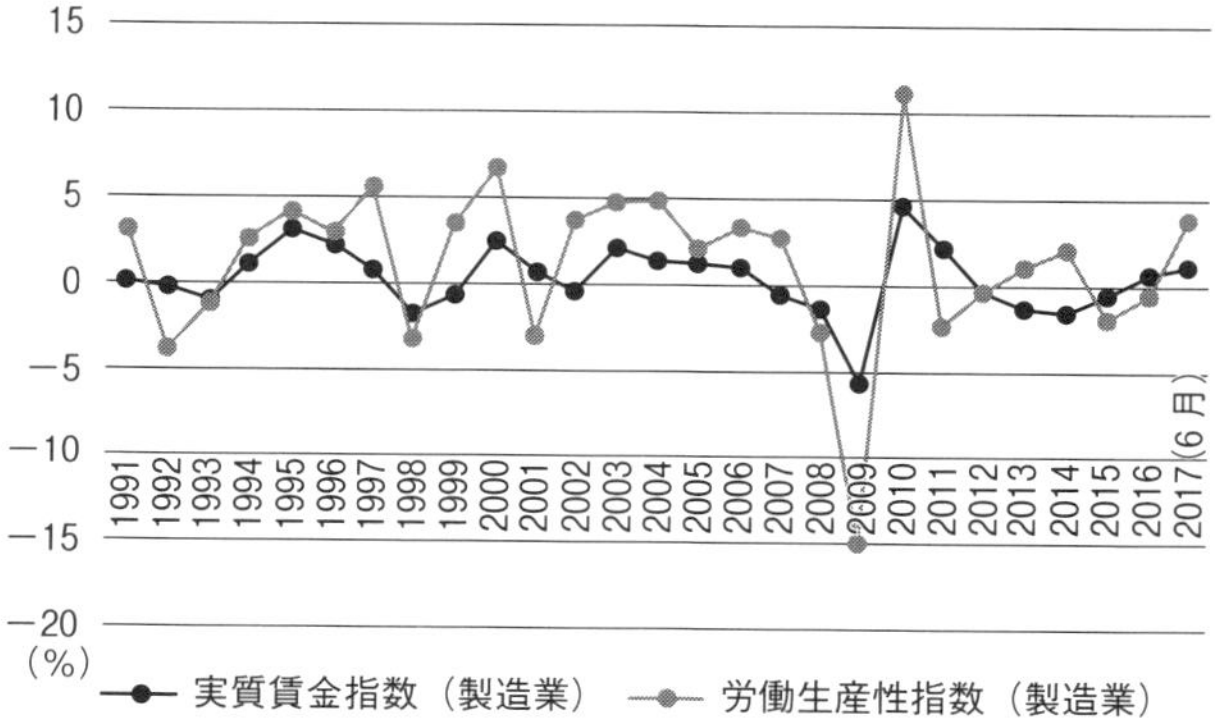

図1－2　実質賃金と労働生産性
出所　厚生労働省『毎月勤労統計』、日本生産性本部『生産性統計』

年代のバブルからの回復期や二〇〇〇年代初頭の景気回復期は、実質賃金と労働生産性がともに上昇しており、二〇〇八年に世界金融危機が起きた直後はどちらも大幅なマイナスとなっている。

†産業構造の変遷

すでに見たように、労働生産性を計測するには、生産量（または付加価値量）と労働者数（または総労働時間）さえあればよいので、国別だけでなく、データさえ取得できれば産業別でも企業別でも計測できる。ただ、産業別生産性の話に入る前に、まず日本の産業構造の変遷について見ておこう。

産業構造というのは、経済全体の中でどの産

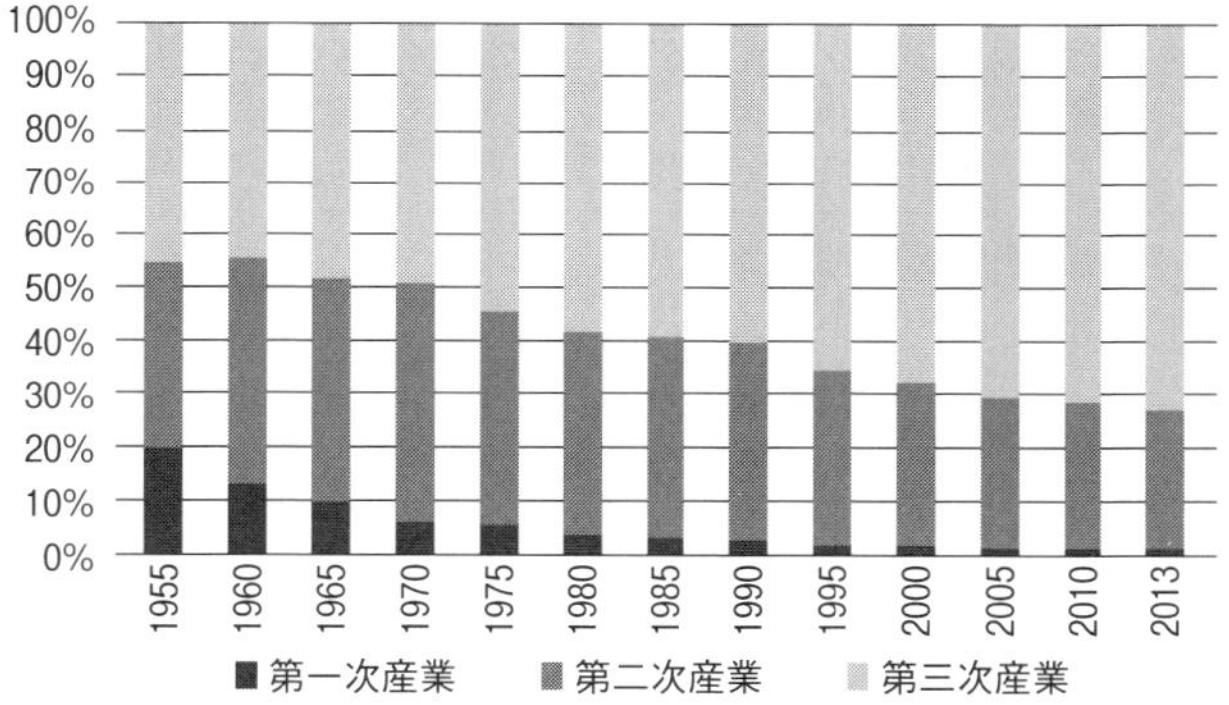

図1－3　産業構造の変化（1955～2013）
出所　内閣府『国民経済計算』

業の生産（付加価値）がどれくらいの割合を占めているかを示したものである。図1－3は、付加価値額で測った日本の産業構造の推移である。これを見ると、日本の農林水産業や鉱業は高度成長期に急速に縮小したことがわかる。製造業は高度成長期には三〇％台のシェアがあったが、一九七〇年代に入ってからは二〇％台のシェアとなり、さらに今世紀に入ってからは一〇％台へとシェアを落としている。代わってシェアを増やしているのが、卸・小売り、運輸・通信、サービス業などの第三次産業である。

ペティ・クラークは、農林水産業のような第一次産業から製造業を中心とする第二次産業、そして第三次産業へと産業の中心が移っていくと述べた（ペティ・クラークの法則）が、日本の産業構造は、まさにこの法則の通りに推移してきた。

✝生産性格差とボーモル病

同じように産業ごとの就業者数の割合を計測することもできる。この就業構造の推移を見ても産業構造の推移と同じく、産業別の就業者割合は、第一次産業から第二次、第三次と重心が移っている。しかしよく見ると、産業構造と就業構造には微妙な違いがあることがわかる。実は製造業では、付加価値額のシェアが就業者数のシェアよりも大きく、逆に第三次産業の中のいくつかの産業(例えば、卸、小売り、運輸・通信、サービス)などでは付加価値額のシェアが就業者数のシェアよりも小さいのである。これは製造業の労働生産性が、サービス他の労働生産性を上回っていることを意味する(式6)。つまり労働生産性は、産業によって差があり、通常製造業の生産性が第三次産業内の産業の生産性を上回っている。

米国の経済学者ウィリアム・ボーモルは、第三次産業を広義のサービス業と位置付けた上で、通常、サービス業の生産性は、製造業の生産性より

付加価値額(製造業)/就業者数(製造業)=労働生産性(製造業) >労働生産性(サービス他) =付加価値額(サービス他)/就業者数(サービス他)

式6　労働生産性の産業別比較

も低いという性質を明らかにした。これによりサービス業の拡大が、経済全体の生産性を低下させる要因になるという「ボーモル病」という現象を提起したが、このことは日本にもあてはまっている。

†産業構造の転換は、生産性向上をもたらすか

さて、上記のように考えると日本のサービス化は、経済全体の生産性を低下させる方向に働いたと言える。それでは、日本経済が低迷するたびに叫ばれてきた「産業構造の転換」や「構造改革」は、生産性の向上に寄与しないのだろうか。確かに製造業とサービス業という大きな産業分類で考えると、そうした見方もできるかもしれないが、製造業内部やサービス業内部での産業の変遷を見ると、生産性の向上につながった事例は多く見られる。

例えば、一九七〇年代に起きた二度にわたる石油危機は、鉄鋼、化学といったエネルギー多消費型産業に大きな打撃を与えた。しかし、同時期に自動車、電気機械といった産業では、エンジンの改良や半導体技術の進展によって、省エネルギー型の新製品が生み出され、このことが、一九八〇年代の日本経済の繁栄につながっていくことになる。またサー

ビス業でも一九九〇年代のＩＴ革命を利用した情報通信産業は、伝統的なサービス業よりも高い生産性を実現し、そのシェアの拡大が、経済全体の生産性向上やより高い経済成長を実現している。

もっとも、こうした産業構造の転換は容易ではない。立正大学の吉川洋教授や一橋大学の塩路《しおじ》悦朗教授らは、たとえこうした技術革新に基づく新しい製品が生まれても、それが消費者のニーズに応えたものでなくてはならないと、需要側の重要性を強調している。しかし、産業構造転換の要因は、供給側の技術革新や需要側の要因だけでも不十分である。例えば、塩路（二〇一三）は今後需要の増加が期待される産業の一つとして社会福祉関連産業を挙げているが、現実にはこれらの産業における労働者の賃金は相対的に高いとは言えず、離職率も高い。こうした背景には、これらの産業を取り巻く様々な規制が影響している。すなわち、産業構造の転換を通じた経済全体の生産性向上のためには、需給双方の要因だけでなく、経済的規制のあり方も考えなくてはならないのである。

†米国との労働生産性比較

ボーモル病は、製造業が生産性を向上させるために雇用吸収力を失い、労働集約的なサ

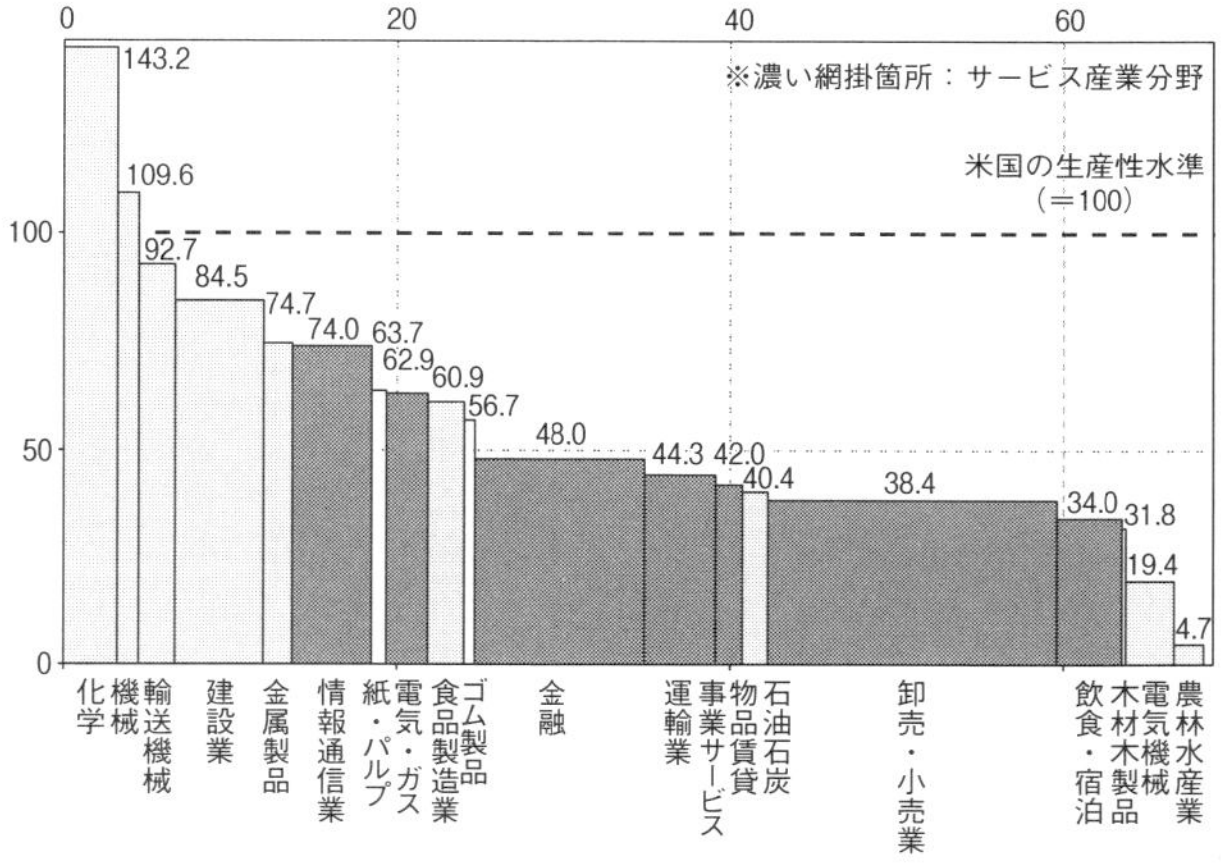

図1－4　日米の産業別生産性（1時間当たり付加価値）と付加価値シェア（2010年～2012年）

出所　滝澤（2016）　※出典：日本生産性本部「産業別日米生産性水準比較」　資料：経済産業研究所「JIP データベース」、WORLD-KLEMS データベース、BEA「Gross-Domestic-Product-(GDP)-by-IndustryData」、BLS「Labor Productivity and Costs」、PPP:EU-KLEMS データベースをもとに滝澤美帆・東洋大学教授作成。

ービス業が多くの雇用を抱えるために起きる現象であり、日本だけでなく世界各国に見られる現象である。ただ、日本の問題点は米国のような先進国と比べてサービス業の生産性が低いという点である。

例えば、図1－4は東洋大学の滝澤美帆教授が作成した日米の労働生産性比較だが、化学や機械産業は米国と同等または それ以上の生産性水準にあるが、卸・小売り、運輸、飲食、宿泊などの労働生産性は、米国の半分の水準しかない。

こうした結果について、日本で生活している人からは、「そんなはずはない。こうした結果はサービスの質を考慮していないからだ。例えば米国では時間通りにきっちりと配達してくれる宅配便などはない」といった反論が出されている。そこで、日本生産性本部では、二〇〇九年と二〇一六年の二回、日米のサービスの質と価格に関する調査を実施している。特に二〇一六年の調査では、米国で一年以上滞在した日本人と、日本で一年以上滞在した米国人約五〇〇人ずつを対象に、ホテル、鉄道、コンビニエンス・ストア、百貨店、宅配便、タクシーなど二九種類のサービスの質が価格と見合っているかを調べている（深尾・池内、二〇一七）。

その結果、病院、モバイル通信サービス、テレビ受信サービス、大学教育、博物館、美術館を除くすべてのサービスで両国の回答者が、日本のサービスの方が質が高いと認識している。病院、モバイル通信サービス、テレビ受信サービスは、米国人が日本のサービスの質が低いと感じているのに対し、大学教育、博物館・美術館では、日本人が自国のサービスが低いと感じている。

日本の方が質の高いサービスを提供しているということは、日本は米国のサービスに換算して多くのサービスを提供していることになるため、日本のサービスの生産性は上昇し、日米の生産性ギャップは縮小することになる。実際、深尾・池内（二〇一七）は、滝澤（二〇一六）の結果を利用して、質を考慮したサービス業の労働生産性に関する日米比較を行った。その結果サービス業における日米の労働生産性格差は、一割から二割縮小することがわかっている（深尾・池内・滝澤、二〇一八。サービス産業の生産性全般に関しては森川、二〇一四。森川、二〇一六）。

†生産性の一極集中は起きているのか

産業別の生産性格差が計測できるのと同様、地域別の生産性も計測できる。ここでは、（独）経済産業研究所が公表しているR-JIPデータベースを利用した信州大学の徳井丞次《じょうじ》教授らの一連の研究を紹介しておこう（R-JIPデータベースの作成方法は、徳井・牧野、二〇一八）。

R-JIPデータベースは、一九七〇年から最近期までの四七都道府県（沖縄県は復帰後の一九七二年から）の生産性を計測するために、付加価値額、労働投入量、資本量のデータが整備されており、彼らはこのデータを使って、各都道府県の労働生産性が全国平均の労働生産性からどれだけ乖離しているかという指標を使って、地域別の生産性格差を検証した。

表1－2を見ると、一九七〇年には神奈川県、千葉県、大阪府などの労働生産性が相対的に高かったが、二〇一〇年には東京都、滋賀県、大阪府の順になっている。こうした順位の変動について、徳井教授は産業構造の変化が影響していると見ている。すなわち、一九七〇年は高度成長期のほぼ終わりにあたっており、まだ製造業のシェアが高い時期であった。したがって生産性が相対的に高い地域は、京浜工業地帯や京葉工業地帯、阪神工業地帯によって生産性の高い製造業が集積していた地域だったのである。

しかしながら、二〇一〇年になると製造業のシェアは小さくなり、むしろサービス業の生産性格差が、相対的な労働生産性水準を決める時代となった。この点で東京都はサービス業のシェアが高く、かつ他地域と比べてもサービス業の生産性が相対的に高い。

さらに東洋大学の川上淳之《あつし》准教授の研究が明らかにしたように、ＩＴ産業の起業数では、東京都が圧倒的に高く、こうした高生産性をもたらす先端産業でも東京が優位なことから、東京都とその他の地域の生産性格差は拡大する傾向にある（川上、二〇一三）。

ある地域の労働生産性の高さが、その地域の一人当たり所得に反映されるかというと、国全体で考える場合とは少し異なっている。それは、ある地域の居住者が別の地域で働いて所得を得ることが容易だからである。例えば神奈川県に住む労働者が東京都にある会社で働くケースがこれに当たる。こうしたことが全国規模で生じると高生産性の地域、すなわち東京への一極集中が起きることになる。

徳井教授らは実際にこうした労働移動が生じたかを統計的に検証した結果、三〇〜三四歳の若年層については、そうした現象が起きたことを示している。しかしながら、地方に留まった人たちも高学歴化によって、人的資本としては高度化したため、地域の人材を大きく低下させることにはつながっていないと結論づけている。ただ川上准教授が示したように、IT産業など先端技術産業の東京への一極集中は際立っていることから、地域にお

	1970年	2010年
1	神奈川	東京
2	千葉	滋賀
3	大阪	大阪
4	東京	三重
5	滋賀	神奈川
6	和歌山	千葉
7	山口	山口
8	三重	愛知
9	奈良	栃木
10	兵庫	京都
11	愛知	徳島
12	広島	兵庫
13	京都	和歌山
14	静岡	静岡
15	栃木	福岡
16	埼玉	広島
17	岡山	福島
18	富山	福井
19	茨城	大分
20	岐阜	茨城

表1－2　地域別の相対的労働生産性順位（上位20位）

出所　徳井・牧野（2018）より作成

ける人材育成とサービス産業を中心とした生産性向上は今後とも不可欠であると言える。

†資本生産性の低下

さて、労働生産性を生産性指標とすることの限界として、他の生産要素の生産性が低下している可能性を指摘した。実際に日本でそのようなことが起きているのだろうか。これを確かめるために、労働と並ぶもう一つの重要な生産要素である資本の生産性を見てみよう。図1－5は資本生産性の推移を見たものだが、これを見ると一九八〇年代から資本生産性は傾向的に低下していることがわかる。労働生産性が上昇している一方で資本生産性が低下しているということは、本当の意味で全体の生産性が上昇していないということである。この低下傾向は二〇〇〇年頃まで続き、二一世紀に入ってからは金融危機後の過剰資本の整理もあり傾向的には反転して

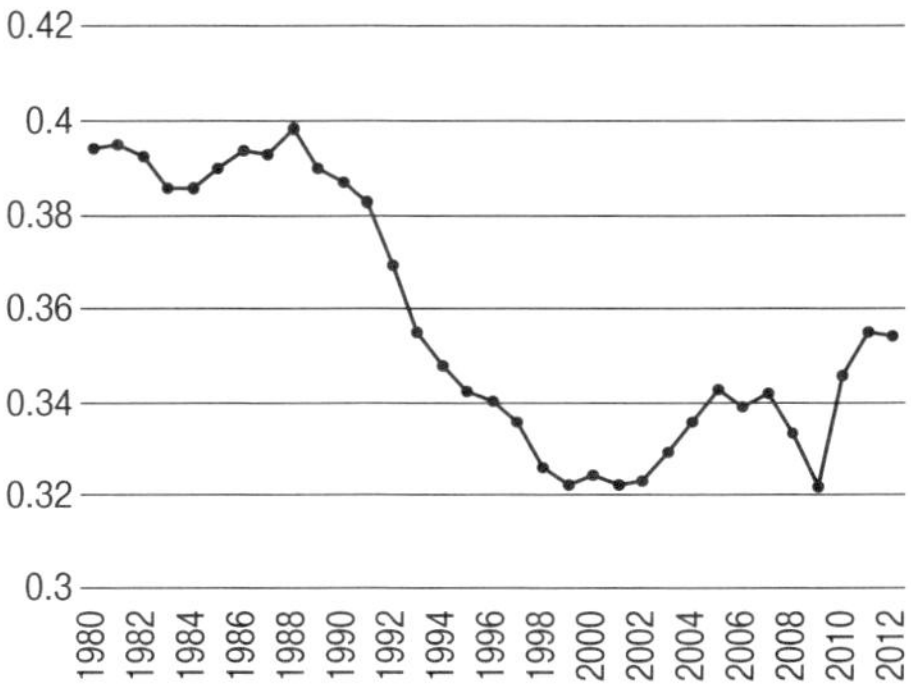

図1－5　資本生産性の推移
出所　JIP データベース2015

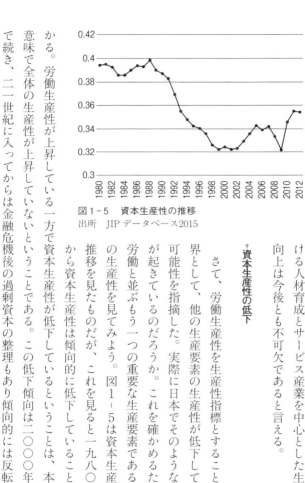

いる。

ついでに言い添えると、資本生産性に資本分配率をかけると資本利潤率になる。資本分配率は景気循環とともに動くものの、長期的な水準の変化は少ない。したがって、資本生産性が低下するということは資本利潤率が低下するということを意味する。実はこの資本利潤率の傾向的低下が、バブル崩壊後の低金利政策にもかかわらず新たな設備投資が起きない要因の一つになっているのである。

†日本の経済成長要因

これまでの議論から、労働生産性は重要な生産性指標だが、それだけでは十分ではないということがおわかりいただけたと思う。生産要素全体の生産性を考えるためには、全要素生産性（ＴＦＰ）の動向を調べなくてはならない。ＴＦＰを測るためには、付加価値額や生産額、労働投入量だけでなく、資本量や中間投入量のデータも必要である。

こうしたデータを長期間にわたって蓄積し、日本のＴＦＰを計測できるようにしたデータベースが、日本産業別生産性データベース（Japan Industrial Productivity Database, 通称ＪＩＰデータベース）である。ＪＩＰデータベースは、一橋大学の深尾教授を中心とした

日本の成長会計	1970-80	1980-90	1990-2000	2000-2012
GDP成長率	4.64%	4.43%	0.93%	0.69%
労働投入増加の寄与	1.26%	1.08%	－0.04%	0.03%
資本投入増加の寄与	1.33%	1.88%	1.03%	0.21%
TFPの寄与	2.05%	1.46%	－0.06%	0.45%

表1－3　日本経済の成長会計
出所　JIPデータベース2015年版

チームが、二〇〇〇年代から取り組んだプロジェクトの成果であり、二〇〇六年以降ほぼ毎年更新され、一橋大学経済研究所と（独）経済産業研究所のウェブサイトで公開されている。先ほど地域間の生産性格差で紹介したR－JIPデータベースは、JIPデータベースの地域版である。

JIPデータベースの特徴は、①国際的な生産性の計測方法と整合的な手法を採用していること、②生産性の計測にあたって、複数のデータを集めることなく、このデータベースだけで生産性データが得られること、③経済全体だけでなく、一〇八の産業別に生産性のデータが整備されていること、④一九七〇年から現在（このヴァージョンでは二〇一二年）まで長期にわたる生産性のデータがとれることにある（作成方法については深尾・宮川、二〇〇八、第1章）。

このJIPデータベースを使って、一九七〇年代から今日までのTFP成長率をまとめたものが表1－3である。これを見ると、一九七〇年代から八〇年代にかけてのTFP成長率は一～二％の高い伸びであり、経済成長率全体の四割から五割を占めていた。しかしバブル崩壊直後の一九九〇年代にはこの伸びがマイナスに転じ二一世紀に入っても〇・五％程度の伸びに留まっている。それでも二一世紀に入ってからは、他の生産要素の伸びが大きく低下しているため、GDP成長率の三分の二はTFP成長率に依存している。労働投入は、少子化の影響から今後伸びが期待できないため、日本の長期的な成長率を引き上げるためには、生産性の上昇率に依存せざるを得ないのである。

現在の安倍政権もこの点は認識している。内閣府が試算した「中長期の経済財政に関する試算」（二〇一七年七月一八日公表）では、今後のTFP成長率をバブル期後半のような二・二％と想定した。しかしこれに対しては、生産性上昇に過度な期待がかけられているという批判があった。このため政府は二〇一八年一月にこの試算を見直し、楽観的なケースでもTFP成長率の予測を一・五％へと引き下げている。代わりにプライマリー・バランス（税収から財政支出と国債費を引いた値）の赤字が解消される時期を、当初の二〇二〇年から二〇二七年へと延期した。

TFP成長率見直しの妥当性は、最近の日本の経済成長を米国や中国、韓国と比較すればわかる。表1－4を見ると、日本のTFP成長率は、米国とさほど変わらない。また労

米中韓との成長率比較	日本	米国	中国	韓国
GDP 成長率	0.69%	1.72%	9.40%	4.03%
労働投入増加の寄与	0.03%	0.11%	0.61%	0.11%
資本投入増加の寄与	0.21%	1.00%	5.41%	2.93%
TFP の寄与	0.45%	0.58%	3.45%	0.95%

表1-4　アジア諸国との生産性比較

出所　JIP データベース2015年版及び APO Productivity Database 2016
注　2000年から2014年までの平均的な伸び率。ただし日本は2012年まで

働面を見ると日本は確かに少子化によって労働投入量が低いが、米国もそれほど労働投入の伸びが高いわけではない。それでも米国の経済成長率が日本より一％も高いのは、資本投入に大きな差があるからである。同様のことは韓国に対しても言える。二一世紀の韓国経済の成長率は日本の成長率の四倍にあたる年率四％だが、そこでのＴＦＰ寄与率は一％弱である。こうした国際比較からも、日本政府のＴＦＰ成長率に関する想定がいかに高いかがわかるだろう。

†産業別ＴＦＰの動向

ＪＩＰデータベースは一〇八の産業について四〇年以上にわたるＴＦＰの成長率が計算できるデータを提供している。しかし各産業のＴＦＰについて見る余裕はないので、まず製造業と非製造業のＴＦＰの動きについて見ておこう。いろいろな産業の名前が出てきてややこしいのだが、非製造業というのは、サービス業に農林水産業や鉱業を加えたものと理解してもらいたい。ただ加えた産業のシェ

		1970-80	1980-90	1990-2000	2000-2012
製造業	産出量の伸び率	4.24%	4.35%	0.16%	-0.28%
	中間投入量増加の寄与	2.88%	2.57%	-0.09%	-0.70%
	労働投入増加の寄与	0.02%	0.30%	-0.40%	-0.22%
	資本投入増加の寄与	0.20%	0.48%	0.28%	0.09%
	TFPの寄与	1.15%	1.01%	0.36%	0.55%
非製造業	産出量の伸び率	4.76%	3.93%	1.41%	0.09%
	中間投入量増加の寄与	2.22%	1.73%	0.80%	-0.25%
	労働投入増加の寄与	0.97%	0.64%	0.18%	0.13%
	資本投入増加の寄与	0.87%	1.14%	0.63%	0.10%
	TFPの寄与	0.70%	0.43%	-0.21%	0.11%

表1－5　産業別TFPの動向
出所　JIPデータベース2015年版

アは小さいので、その動向はサービス業の動向とほぼ同じだと考えてよい。すでにＴＦＰを計算する際に説明したように、産業別の場合は付加価値ではなく全体の産出量の伸びをとり、生産要素として中間投入量を加えている。

表１－５をみると、一九七〇年代、八〇年代における製造業と非製造業の伸びはほとんど変わらない。ただ、非製造業の方が、資本蓄積が活発であったため、ＴＦＰの伸びは製造業よりも低くなっている。この傾向は一九九〇年代以降も変わらず、資本投入もＴＦＰもともに減少したため、全体の産出量の伸びも低下したことがわかる。さらに製造業の方は、一九九〇年代以降労働

投入が大きく減少したため、非製造業よりも落ち込みが激しい。二一世紀に入ると両産業の資本投入が一段と低下したため、TFPは若干回復したものの、全体の産出量は、マイナスかほとんど伸びなくなっている。

このように、全体としては生産性の伸びが低下しているが、より詳細な産業分類で見るとこの四〇年間、生産性がほぼ一貫して上昇してきた産業もある。製造業では、医薬品、電子計算機・同付属品、半導体素子・集積回路、電子部品、精密機械など先端技術を擁する産業ではやはり生産性の向上が続いている。一方非製造業では、金融業、電信・電話業が持続的に生産性を向上してきた産業となっている。これらの産業はある意味では、情報産業であり、情報化の進展に伴って生産性を上げてきたと考えられる。

これらの産業は、リストラによって労働者を減らしたから生産性が上昇したと考える人もあるだろう。しかし二一世紀に入ってからは生産性が向上した産業だけでなく、ほとんどの産業で労働投入量は減少している。こうした中で、先に挙げた生産性が向上している産業は、概して労働投入量の減り方は全体の減少より少ないのである。

†企業レベルの生産性格差

生産性は、産出量と各生産要素のデータが入手できれば、企業レベルでも計算できる。上場企業であれば、これらのデータを容易に作成できるので、今世紀に入ると、国レベルや産業レベル、地域レベルだけでなく、企業や事業所レベルの生産性の計測が行われるようになった。あるいは、上場企業でなくても、企業を対象に調査した統計の個表が手に入り、生産性計測に必要なデータを作成できれば、生産性を計測することができる。ＩＴ化の進展により大量のデータが比較的短時間で処理できるようになったからである。今日の学会では、この企業レベルの生産性分析が主流となっている。

こうした研究からわかったことは多数あるが、その一つに、同一産業内でもかなり生産性の格差が存在するということである。シカゴ大学のチャド・シヴァーソン教授によれば、生産性上位一〇％と下位一〇％の格差は二倍にも上るという。しかも、この格差は解消されないで、かなりの期間持続している（Syverson, 2011）。また一橋大学の深尾教授と日本大学の権赫旭《クォンヒョックウック》教授との共同研究でも、日本の製造業で上位二五％のグループと下位二五％のグループの間には生産性格差が存在することが示されている（Fukao and Kwon, 2006）。

さらに深尾（二〇一二）や後藤（二〇一四）は、大企業と中小企業の生産性格差が大きいことを指摘している。例えば成城大学の後藤康雄教授は、資本金一〇億円以上の大企業の労働生産性は、資本金五〇〇〇万円未満の中小企業の労働生産性の二倍から三倍高いことを示している。深尾（二〇一二）も同様に大企業と中小企業の生産性格差が存在することを確認したうえで、大企業のＴＦＰ上昇率が中小企業のＴＦＰ上昇率を上回っていることから、生産性格差がさらに拡大していると述べている。

もう一つの重要な貢献は、輸出をするのは比較的高い生産性の企業だということである。マクロで見ると、輸出入は為替レートの動向に左右されると考えられているが、企業レベルで見ると、海外市場で製品を売るためには、海外の販売拠点の設置などそれなりの先行投資を行わなければならず、そうした投資資金を回収できるのは高生産性企業に限られるのである。こうしたことは、為替変動に対して輸出入がスムーズに反応しないことを説明する理由の一つになっている。

実際にアベノミクスによって円・ドルレートが大きく円安に動いた際になかなか輸出が増加しなかったのは、こうした効果も一因であると考えられる（アベノミクスで円安になった際に、輸出が大きく増加しなかったもう一つの背景には、円高期に海外へ移した生産設備を、急に日本に戻すことができなかったという理由もある）。

†企業の参入・退出と生産性の向上

これまで、企業レベルでの生産性格差がなかなか縮小しないということを述べてきた。これを解消するためには高い生産性を誇る企業が新たに参入し、低い生産性の企業が退出するという、いわゆる「新陳代謝」のプロセスが必要である。これはすでに産業レベルで見た産業構造転換の議論とよく似ている。産業構造の転換では、生産性の高い産業のシェアが高まることにより、経済全体の生産性が向上するという議論だったが、企業の参入・退出の議論では、たとえ低い生産性の産業でも、その産業に高生産性企業が参入し、低生産性企業が退出することで、その産業自体の生産性を高めることができるのである。

例えば、情報通信産業は新しい企業の参入が多い産業だが、こうした産業では図1－4で見たように、サービス産業の中でも米国との生産性格差が比較的小さい産業である。ただ日本の参入企業の比率は国際的に見ても低い水準にある。この問題については第三章であらためて考えることにしたい。

第二章 経済学における「生産性」

†「生産性」概念の源流

第一章で述べた生産性の考え方は、経済学の祖と位置付けられるアダム・スミスの『国富論』から始まっている。アダム・スミスが『国富論』の冒頭で述べた「分業」こそが、生産性の本質を伝えている（Smith, 1776）。ここで彼は、有名なピンの製造工程を例にとり、一人の労働者がピンを最初から最後まで製造することに比べて、複数の労働者が各工程を分担してピンの製造に従事することで、より多くのピンを製造することができ、そのことが結果的に労働者の収入を大きく増加させると論じている。すなわち、労働者がある工程に精通することで技能を磨き、さらに機械の導入がより生産量の増加を促進することで、今で言う労働生産性を向上させ、多くの労働者や経済全体に豊かさをもたらすのである。

アダム・スミスの考え方を国際貿易に拡張したのが、デヴィッド・リカードの「比較生産費説」である（Ricardo, 1821）。彼は、国を閉じて国内ですべての財やサービスを生産するよりも、国際的な交易を通して、貿易を行う国同士が共に豊かになると論じた。その際に基準となったのは生産性である。すなわち二つの国が二種類の財を生産できる場合、両国とも他国と比較して相対的に生産性の高い財を生産して相手国に輸出した方が（逆に相対的に生産性の低い財を相手国から輸入した方が）、両国の生産水準が上昇し豊かになることを示したのである。このように生産性の概念は、経済学が導き出す基本的な原理と深く関わってきた。

†ソロー残差

しかし、生産性の概念が本格的に経済学で議論されるまでには、リカードの著作から一世紀以上の時を待たなくてはならなかった。第二次世界大戦後の復興期の中で、経済学でも経済成長への関心が高まり、多くの研究者が経済成長理論を提示した。

その中で、当時MITの教授であったロバート・ソローは、ミクロの生産理論と整合的で、現在の経済成長論の基本モデルとなるソロー・モデルを一九五六年に発表する。そしてその翌年には、その成長モデルを使って、現実の米国経済がどのような要因で成長してきたかを示した論文を発表した。

第一章で説明したTFP成長率の計算手法は、ソロー教授が一九五七年に発表した論文の手法を応用したものである（Solow, 1956, 1957）。このとき、ソロー教授が示した結果は驚くべきものであった。過去一世紀にわたる米国の経済成長は、その過半がTFP成長率によると論じたのである。以降成長会計と呼ばれるTFP成長率の計算手法は経済学界の共通財産となり、生産性、そしてTFPは、経済成長を論じる際に欠かせない概念となる。

ソロー論文の発表後、議論の焦点になったのは、生産性の計測方法である。ソロー教授が計測したTFPは、当初技術進歩率と解釈されたが、第一章で示したように、生産量または付加価値額の伸び率から各生産要素の伸び率を引いた残り物である。このためこのTFPは、「ソロー残差」と呼ばれていた。ソロー論文では、このソロー残差の影響があまりに大きいため、ソロー残差を求める過程における各パーツの計測方法に焦点が当てられた。

✝ジョルゲンソン＝グリリカスの計測手法

ソロー教授の成長会計の問題点の一つは、労働や資本といった生産要素がすべて同質であると考えており、これらの生産要素の質の違いが、ソロー残差（＝TFP）に計上されているという点であった。この問題に対して、ハーバード大学のデール・ジョルゲンソン教授とツヴィ・グリリカス教授は、ソロー論文から一〇年後、生産物及び生産要素である労働と資本の計測について、それぞれの質を考慮した計測方法とそれらをマクロ経済に集計する手法を開発した（Jorgenson and Griliches, 1967）。

ソロー・モデルにおける労働者は、皆同一の能力を有していると考えられているが、実際には労働者の技能は異なっている。彼らはこうした技能の差は、賃金に反映され、生産への貢献度も平均的な労働者とは異なると考えた。同様に資本についても、様々な固定資産があり、利用のされ方が異なる。建物は四〇年くらい持ち、ゆっくりと生産性に寄与するが、機械は耐用年数が一〇年程度なので、減耗が早い。つまり一定期間における資本から生産への寄与が大きかったと考えることができる。また同じ資本であっても、稼働率の違いによって資本の生産への寄与は異なる。

こうした質による修正を行わない場合、第二次世界大戦後二〇年間の米国のＴＦＰ上昇率は、年率一・六％であったが、生産物及び各生産要素の質を考慮し、さらに資本や労働の稼働率も考慮した場合、ソロー残差はほとんどなくなり、同期間のＴＦＰ成長率は年率わずか〇・一％にまで縮小した。代わりに大きく増加したのは投入要素の寄与で、質や稼働率を考慮しない場合、年率一・八三％だった伸びは、それらを考慮することで年率三・四七％へと増加した。

彼らの手法により、ソロー残差に生産要素の質の向上が混在しているという問題は一応解決し、以降彼らの方法が成長会計の標準的手法として確立していく。例えば、先進国で構成されるOECDの生産性計測マニュアルも、基本的にはこのジョルゲンソン教授とグリリカス教授の手法に依拠している（OECD/Schreyer, 2001）。

†産業別生産性の計測とKLEMSデータベースの発展

ジョルゲンソン教授は、自ら開発した手法を、一国全体の成長会計やTFP変化率の動向の研究に留めず、産業別の生産性計測へと拡張していく。この研究の集大成が、一九八七年に公刊された「生産性と米国の経済成長」（Jorgenson, Gollop and Fraumeni, 1987）である。本書の中で、著者達は五一の産業について、一九四八年から七九年までのおよそ三〇年にわたる、成長会計の結果を報告している。この作業により、米国において長期にわたって成長してきた産業はどの産業かということや、どの産業で生産性が伸びてきたかがわかるようになった。

そして一九九〇年代半ばには、米国の計測をもとに、慶應義塾大学の黒田昌裕《まさひろ》名誉教授を中心とする慶應義塾大学産業研究所のグループが日本における産業別生産性計測用データベースを構築した（黒田・新保・野村・小林、一九九七）。さらに二一世紀に入るとオランダのフロニンゲン大学を中心としたチームが、EU地域（＋米国、英国、日本、韓国）の産業別生産性をデータベース化した。これはEUKLEMSデータベースと呼ばれている。Kは資本、Lは労働、Eはエネルギー、Mは原材料、Sはサービスを表し、産業別生産性計測に必要な投入要素をすべて備えたデータベースであることを示している。二一世紀に入ってこうした産業別生産性データベースが作成された背景には、IT革命の影響がある。

一九九〇年代後半から始まったIT革命は、主に米国で多くのビジネスを生み出し、米国経済を活性化させたが、英国やEU諸国では米国と同様の経済活性化効果は見られなかった。このためIT関連産業やIT投資の動向を把握し、IT化によってどの産業で生産性の向上が起きているかを見るために、EUKLEMSデータベースが作成されたのである。後述する日本産業別生産性データベース（通称JIPデータベース）や韓国産業別生産性データベース（通称KIPデータベース）は、このEUKLEMSプロジェクトに参画する過程で作成された（最新の EUKLEMS database は、Conference board ウェブサイト http://www.euklems.net/TCB/2017/Metholology_EU%20KLEMS_2017.pdf に掲載）。

先進国間で生産性（KLEMS）データベースの作成が行き渡ると、今度は新興国や発展途上国でもこうした生産性を計測するデータベースを整備する動きが起きるようになった。すでに中国、インド、マレーシア、インドネシアなどでは、大学研究者や生産性関連のシンクタンクが生産性のデータベースの構築を行っており、二年に一度のペースで、こうした研究者が集まるAsia KLEMS Conferenceが開催されている。またアジア生産性機構は、こうした生産性計測に必要なデータを収集し、毎年Asia Productivity Databaseを公表している。アジア以外でもオーストラリアやロシア、ラテンアメリカ諸国などで、産業別生産性データベースが整備されつつある。

こうした国際的な生産性データベースの広がりに応える形で、ジョルゲンソン教授は、世界中の生産性研究者が生産性について議論し交流する場として、二〇一二年にWorld KLEMS Conferenceを立ち上げた。第一回は、ハーバード大学で開催され、それ以降二年に一回開催されている。

†新興国の経済成長は生産性主導型か――クルーグマン教授の著作から

話を一九八〇年代から九〇年代に戻そう。この時期アジアの新興経済圏の急速な成長が世界の注目を集めた。「四頭の虎」と言われた韓国、台湾、香港、シンガポールである。

これらの経済圏がどのようにして成長したかは、ソヴィエト連邦（以下ソ連と略す）を中心としたヨーロッパの社会主義体制が崩壊した後の、移行経済と並んで経済学者にとってホット・トピックであった。

このトピックに関して、二〇〇八年にノーベル経済学賞を受賞したニューヨーク市立大学のポール・クルーグマン教授は、これら新興国の生産性上昇に着目した（Krugman, 1994）。彼は、ロンドン経済大学のアルウィン・ヤン教授の推計を借りて、これら新興国の生産性上昇率は、さほど高くないことから、これらの国の経済成長はやがて行き詰ると述べた（新興国に関するヤン教授の生産性推計に対しては、推計の対象となった国々や研究者から批判を受けたため、彼は「数字という暴君（tyranny of numbers）」をタイトルの一部に使った専門論文をあらためて書いている。Young, 1995を参照されたい）。

クルーグマン教授は、初期の一般向け著作 *The Age of Diminished Expectations*（邦題：『予測　九〇年代アメリカ経済はどう変わるか？』）の第一部「経済的繁栄の根源」の第一章に「生産性の向上」というタイトルをつけた。「生産性はすべてではない。しかし、長い目で見れば、すべてだと言っても間違いではない」という言葉が物語っているように、彼は長期的な繁栄の基礎の第一は生産性向上であると考えていた。そのクルーグマン教授の念頭にあったのは、一九五〇年代から六〇年代の社会主義国であった。当時のソ連は米国を凌駕するほどの生産力を誇っていたが、彼はこのソ連の成長は生産性の向上によるものではなく、生産要素投入の増加によって達成されたものであった。すなわち当時のソ連では大量の労働者が農村から都市に移動させられ、女性の労働力の活用にも積極的であったが、それに伴う生産性の上昇はわずかであったと考えた。

一九九〇年代初めのソ連の崩壊は、生産性の向上がない経済の行く末を示している。同様の事態は多くの社会主義国家で起きている。ソ連の崩壊と同時期に東西ドイツの統合が実現したが、その際に世界の人々が目にしたのは、ベンツやBMWに代表される西ドイツの先進的な乗用車と、トラバントと呼ばれる極端に燃費が悪く大量の排気ガスをまき散らす乗用車とのコントラストであった。また現在でも我々は、第二次世界大戦後しばらくは世界有数の工業国であった朝鮮民主主義人民共和国が、木造の船で漁業を行っている様を目にしている。

クルーグマン教授は、生産性向上のない社会主義国の姿を、当時の新興国に重ね合わせていたのである。彼の予測は、一九九七年のアジア通貨危機による急成長の頓挫という形で実現する。しかし、その後の展開は彼の予測を裏切ることになる。確かに一九八〇年代から九〇年代にかけて成長した新興経済圏は、アジア通貨危機後一時的に経済成長率を落とすが、それでも再び成長軌道に乗り、現在はいずれも先進国またはそれ以上の経済水準を達成している。

同様の議論は、二〇〇四年にノーベル経済学賞を受賞したアリゾナ州立大学のエドワード・プレスコット教授の論文にも見られる。すでに見たソロー教授の経済成長モデルでは、各国の経済成長率や一人当たり所得の伸びの差は、貯蓄率や資本蓄積の差で説明できると考えられている。しかし彼は、ローレンス・クライン賞を受賞した論文で、こうしたソロー・モデルから導出される要因よりも、全要素生産性上昇率の差が、各国の経済成長率や一人当たり所得の差にとってははるかに重要であると論じている（Prescott, 1998）。

†IT革命とサービス産業の生産性

一方米国では、労働生産性上昇率はベトナム戦争後の一九七〇年代半ばから長期にわたって低迷を続けていた。ただ一九八〇年代から米国ではパーソナル・コンピューター（以下パソコン）が普及し、日常の仕事の仕方にも変化が表れていた。生産性に関する記念碑的な論文の発表から三〇年経った一九八七年に、ＭＩＴのソロー教授はノーベル経済学賞を受賞する。この年ソロー教授はニューヨーク・タイムズに寄稿し、「我々のまわりでは、いたるところでコンピューターを見かけるようになったが、統計上の生産性は向上しているようには見えない」と述べた。ソロー教授のこの指摘は、「生産性パズル」と呼ばれるようになる（Solow, 1987）。

この「生産性パズル」が解消されるのは、一九九〇年代に入ってからである。ソ連の崩壊により、米国の国防総省と大学の研究施設をつないでいたARPANETを源流とするインターネットシステムが商用に解放された。これとダウンサイジング化が進んでいたコンピューター技術、さらに最も利用されていたマイクロソフトのＯＳ、ウィンドウズがインターネットに対応するとともに、アップルコンピュータで利用されていたアイコンやマウスを使った操作が可能となるソフトへと進化することで、一気に新規のビジネスチャンスが広がった。現在世界で最高水準の企業価値を有しているアマゾンやグーグルなどの企業は、わずか四半世紀前のこの時期に誕生したのである。

一九九〇年代後半から約一〇年間、米国はそれまでの生産性の停滞を克服し、新たな成長を享受する。ジョルゲンソン教授の推計によれば、一九七三年から八九年、一九八九年から九五年の労働生産性上昇率がそれぞれ一・三六％、一・四〇％であったのに対し、一九九五年から二〇〇二年までの労働生産性上昇率は二・四三％へと上昇し、ＴＦＰ変化率は、〇・二九％（一九七三〜八九年）、〇・二六％（一九八九〜九五年）と続いて、一九九五年から二〇〇二年では〇・七一％へと上昇している。そしてこのＴＦＰ上昇率の半分以上をＩＴ部門（〇・四七％）が占めているのである（Jorgenson, Ho and Stiroh, 2005）。

一九九〇年代後半からの米国経済における生産性の上昇の特徴は、ＩＴ製品を生産する電気機械、通信機械などの産業が生産性上昇を牽引しただけでなく、サービス産業もまたＩＴ革命の恩恵を受けて生産性を向上させた点にある。従来生産性を向上させることのできる部門は製造業が主であり、サービス産業はその労働集約的な特性から生産性が低い産業であるとされた。第一章でも説明したように、このサービス産業の比率が大きくなると経済全体の労働生産性が低下してしまう。いわゆる「ボーモル病」である。

ＩＴ革命による米国の生産性上昇は、世界最先端の先進国である米国で、この「ボーモル病」を克服して達成されたという点で、これまでにない生産性上昇であったと評価できる。実際、先ほど挙げたアマゾンやグーグルといった新興企業は、小売業や情報通信産業に属する新たな企業の形態なのである。

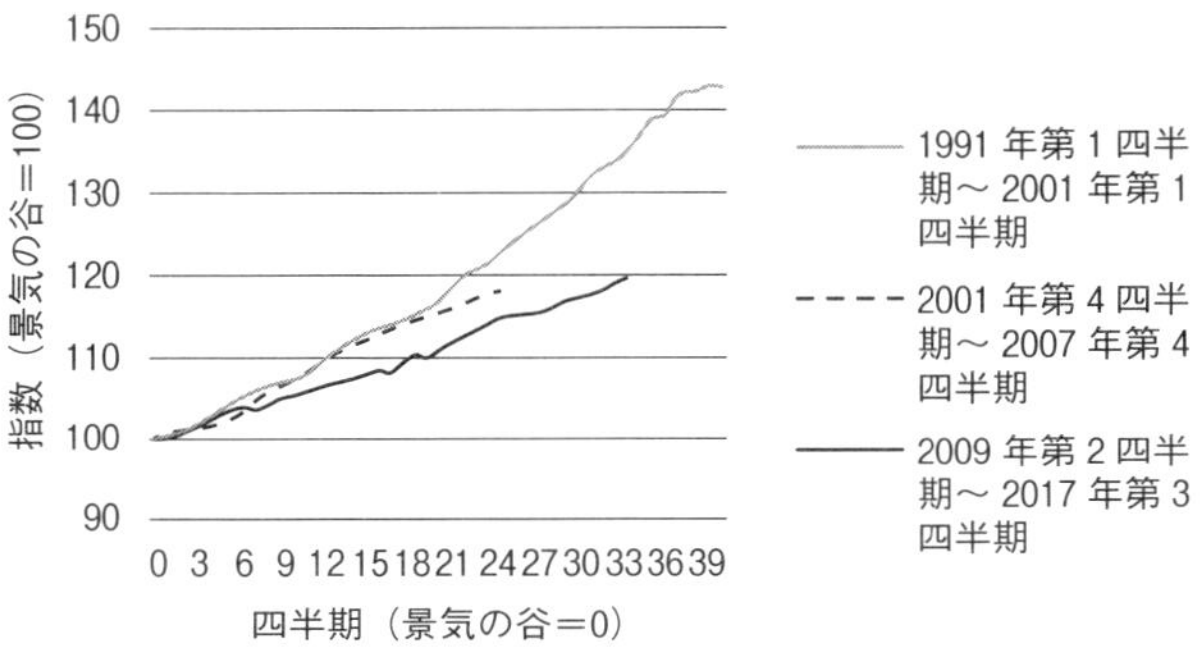

図2－1　米国の景気回復期の実質 GDP の推移
出典　U.S. Bureau of Economic Analysis　景気循環は NBER に基づく。

†世界金融危機後の長期停滞

二〇〇八年九月、米国第四位の投資銀行リーマン・ブラザースの経営破綻に象徴される世界金融危機（日本ではリーマン・ショックと呼ばれる）は、IT革命と中国を始めとする新興国の急速な成長に沸いた世界経済を大きく減速させた。経済の停滞は、金融危機の発生国である米国だけでなく、欧州や日本にも広く波及した。

世界金融危機の特徴は、金融危機後の経済の回復が非常に緩慢だったことだろう。図2－1を見ると、世界金融危機後の実質GDPの回復は、一九九一年、二〇〇一年の回復と比べても鈍い。このことは労働生産性についてもあてはまる。こうした状況を見てハーバード大学のローレンス・サマーズ教授は、一九二九年の世界恐慌後の経済状況を表したアルヴィン・ハンセン教授の言葉を使って、世界金融危機後の状況を「長期停滞（Secular Stagnation）」と名づけた（Hansen, 1939. Summers, 2015）。

このサマーズ教授の問題提起後、多くの研究者が「長期停滞」の要因について議論している。後述するように日本でもバブル崩壊後の長期停滞の要因をめぐって、需要不足を指摘する論者と供給サイドを重視して生産性の低下に焦点を当てる論者が議論を交わしているが、世界経済の長期停滞をめぐっても同様の論争が起きている。問題提起の当事者であるサマーズ教授は、需要刺激派で、供給サイドに焦点を当てるよりも、財政拡張政策によって「長期停滞」を脱すべきであると主張した（需要側に焦点をあてた議論は福田〔二〇一八〕を参照のこと）。

日本の場合は、巨額の財政赤字を抱えていることから、財政政策を重視する議論は、ごく最近期を除いてはあまり聞かれず、より拡張的な金融政策を主張する議論が主流であった。一方の米国では、世界金融危機までは金融政策の絶妙なコントロールが米国経済の繁栄の大きな要因であると考えられていたにもかかわらず、バブルの崩壊を防げなかったことや、バブル崩壊後は日本と同様、金利水準がほぼゼロになったため、金利をコントロールして景気に影響を与える伝統的な金融政策手法が使えず、量的緩和により流動性を供給する異例の金融政策を実施せざるを得なかった。このため、需要側の政策を主張する論者としては、財政拡張政策の有効性を議論したと考えられる。

†新たな生産性パズル

一方、供給側から長期停滞を説明しようとする立場は、大きく二つに分かれる。一つは「技術革新楽観派」と呼ばれる研究者である。この立場の代表者は、MITのエリック・ブリニョルフソン教授とアンドリュー・マカフィー教授である。彼らは、「機械との競争(Race against Machine)」及び「第二の機械時代(Second Machine Age)」でIT革命、そしてそれに続く人工知能(Artificial Intelligence)の活用が、経済社会を大きく変えてきたと主張した。現在も自動運転技術の発展や、AI技術の普及、そしてウーバーなどのシェアリング・エコノミーの担い手が続々と誕生する米国での生産性停滞は、新たな「生産性パズル」と映る。すなわち、現行の経済統計が新しい技術革新を捉えきれていないため、GDPや生産性が過小評価されているというのである。

確かにシェアリング・エコノミーやe-commerceを担う企業や家計の生産量は、既存の統計では把握しにくい。またIT技術を利用した製品やサービスの価格低下も正確に把握することは難しい。例えば、同じ価格のパソコンでも処理速度が速くなるなど性能が上昇していれば、本来ならば価格が上がっているところを同じ値段になっているので、性能が上がる前の機種と比べると実質的に価格が下がったことになる。一般的に価格が低下すれば、消費者はその分余計に財やサービスを消費することができるため、所得が上昇したとみなすことができる。ブリニョルフソン教授やマカフィー教授ら「技術革新楽観派」は、技術革新による価格の低下が上手く捉えられていないので、見かけ上GDPや生産性の低下が生じていると論じている。

これに対してノースウェスタン大学のロバート・ゴードン教授は、産業革命以降の長い歴史の中では、IT革命はさほど重要な技術革新ではないと反論している。彼にとって、重要な技術革新は一九二〇年代から半世紀にわたる技術革新である。この時期に、上下水道などの社会インフラ上の革新により衛生状態が飛躍的に改善され、洗濯機などの電気製品の普及により人々は生活上の苦役から解放され、乳幼児死亡率が減少し、長寿化が達成されることになった。彼の計算によれば、この時期の一人当たりの所得の上昇率（労働生産性上昇率とほぼ同じ）は二・八二％で、その前後の同指標の変化率（一九二〇年以前の三〇年間は一・五％、一九七〇年以降の四四年間は一・六二％）に比べて際立って高い。

ゴードン教授の議論のもう一つの特徴は、現在の長期停滞が世界金融危機後から始まったのではなく、それ以前の二〇〇四年から始まったと考えていることである。これは米国における二〇〇〇年代前半のＩＴバブルの崩壊が、ＩＴ革命による成長の終焉であり、その後の米国の成長は、イラクやアフガニスタンへの軍事介入による財政拡大によって支えられたと考えているからであろう。

その他の欧米の経済学者の議論も、筆者が知る限り、現在のところは二つに分かれている。ロンドン経済大学のフィリップ・アギヨン教授らは、ブリニョルフソン教授らと同じく、技術革新による価格低下を過小評価していることが経済成長を見かけ上押し下げていると主張している。一方、シカゴ大学のシヴァーソン教授は、ブリニョルフソン教授らの主張をサポートするような統計データを前提としてシミュレーションを行った結果をもとに、同教授を支持するようなデータの実現性は低く、やはり生産性の低迷は認めざるを得ないとしている。同様に連邦準備制度のデヴィッド・バーン、ジョン・ファーナルド研究員、ＩＭＦのマーシャル・ラインスドルフらは、二〇〇四年以降の生産性上昇率が、一九九五年から二〇〇四年と同じ上昇率であったとすれば、二〇一五年までに約三兆ドル（一ドル一一〇円として、三三〇兆円）ほどGDPが嵩上げされていなくてはならないはずだが、ＩＴ機器の価格低下や無形資産（後に詳述）などを考慮しても、到底このギャップを埋めることはできないとしている。

彼らは、こうした統計上の問題点を修正することで、一九九五年～二〇〇四年の期間から二〇〇四年～二〇一四年までの生産性低下は、公表統計よりも大きくなると結論付けている。またＭＩＴのダロン・アセモグル教授らは、ＩＴ集約的な製造業の生産と労働のデータを調べた結果、ＩＴ革命が起きた時点でも生産の低下傾向は続いており、この産業における労働生産性が上昇しているのは、生産の低下以上に雇用の低下が大きいからだとして、ＩＴ革命の効果そのものに疑義を呈している。

技術革新の源泉である研究開発投資の効果そのものを疑う議論も現れている。スタンフォード大学のブルーム教授とチャールズ・ジョーンズ教授らは、過去に比して、一定のＴＦＰ上昇率を達成するための、研究開発投資に必要な人的資源や投資額が急増している点を懸念している。このことは従来通りの研究開発投資を続けているだけでは、生産性の上昇率が低下することを意味している。またダートマス大学のディエゴ・コーミン教授とニューヨーク大学のマーク・ガートラー教授は、研究開発投資のような知識資産に対する投資は、リスクが高く貸付金の担保にもなりにくいので、資金調達が難しいことから、世界金融危機後に金融機関の資金供給が慎重化した後は一層制約が大きくなることを予見させる理論モデルを提示している。そしてシカゴ大学のチャン・タイ・シェイ教授とスタンフォード大学のピート・クレノウ教授は、生産性を向上させるためには、第一章で述べた生産性の低い分野から生産性の高い分野への資源の移動はさほど効果はなく、むしろ既存企業の新製品開発力が低下していることが生産性低迷の原因であると論じている。

†技術革新をめぐる議論

以上の長期停滞をめぐる論争、特に供給側の生産性の低迷をめぐる筆者の考え方は、どちらかと言えば「技術革新楽観派」に近い。確かにゴードン教授の議論にも説得力があるが、ただ、彼の推計でも一九九六年から二〇〇四年までの約一〇年間は、労働生産性、TFPの上昇率とも、前後の期間に比べて約一％高くなっている。すなわちもう少し短い期間で見れば、IT革命の生産性上昇効果は間違いなくあったと考えられる。またゴードン教授は、一九二〇年代から約半世紀の技術革新を評価しているが、これらの技術革新の多くは、人間の肉体労働を軽減することを目的としたものであった。これに対して現在進行している技術革新は、ＡＩに代表されるように人間の判断業務を軽減する技術革新である。交通事故に代表されるように人間の判断や裁量からミスを完全に取り除くことは難しい。これを機械によって置き換えることによって悲惨な事故の発生を防ぎ、より公正な判断が行き渡る安心な社会が実現できることは、大きな革新であると言えないだろうか。

アセモグル教授らは、ＩＴ集約的な製造業の生産性向上が必ずしも生産の上昇を伴わないものであると批判しているが、これは彼ら自身も認めているように、実質的な生産の計測が難しいサービス業を分析対象にしていないという点で、現在の技術革新を評価するには説得力に欠ける。

最近、「技術革新楽観派」のブリニョルフソン教授と「生産性停滞容認派」のシヴァーソン教授は、共著でそれぞれの立場を矛盾なく説明する論文を発表している。彼らによると現状ＡＩを中心とした技術革新は進展しているものの、それを広くビジネスに適用する制度改革や組織改革が整っていないため、生産性が停滞していることになる。ちょうどソロー教授が一九八〇年代に指摘した「ソロー・パラドックス」のように、パソコンは普及しているものの、その能力をさらに生かすインターネットが解放されておらず、また組織改革も追いついていない状況と似ている。パソコンにおけるインターネットのような補完的な道具が蓄積されるようになった時点で、再び爆発的に生産性が上昇するだろうというのが彼らの見方である。

ただ今後これまでと同様の技術革新の波及が続き、生産性が向上し続けるかという点については懐疑的である。研究開発投資の効率性が低下しているというブルーム教授らの議論や、既存企業の製品開発力が落ちているというシェイ教授らの議論は説得的であり、今後の技術革新と生産性向上については楽観を許さない（八四〜九〇ページの説明に関する書籍、文献については巻末の参考文献を参照）。

†日本における生産性主導の経済成長

日本での生産性の捉え方は、必ずしも学問的な発展によってのみ広まったわけではない。むしろ第二次世界大戦後の復興の過程で生産性に対する考え方が広まったと見られる。公益財団法人日本生産性本部の資料によると、第二次世界大戦によって、日本と同様、ヨーロッパの国土は荒廃しており、この復興の一手段として、英国で英米生産性協議会が設立された。これは当時世界最先端であった米国の生産技術にキャッチアップして生産性を向上させることを目的としていた。この考え方がヨーロッパ諸国に広まり、西欧各国で生産性センターを設立し、視察団を米国に派遣して米国の生産システムを学ぶ動きが相次いだ。日本でもこのヨーロッパでの動きを察知し、一九五〇年代から、生産性向上のための組織を設立しようとする動きが始まった。その結果、一九五五年に入って、日本生産性本部が設立された。当初、日本生産性本部は、経済界と官界とが中心になって設立されたが、設立七カ月後には労働界も加わり、生産サイドで見ればオール・ジャパン的な生産性運動を展開するユニークな組織ができあがった。こうしたことから、日本生産性本部は、生産性向上を展開するにあたって、「雇用の維持・拡大」、「労使の協力と協議」、「成果の公正な分配」という、今日で言えば「日本的経営」の骨格とも言える原則を謳っている。

この日本生産性本部の役員（副会長）に学識者として加わった、一橋大学の中山伊知郎教授は、経済学者の立場から生産性問題をどのように捉えるかという論稿を、最初の「生産性ニューズ」に寄稿している。そこでは、本章の初めに述べたように、アダム・スミスとデヴィッド・リカードらの古典から生産性の概念を説き起こしている。

当初生産性運動で想定されていたのは、労働生産性の向上であったが、その後一九六〇年代に入ると労働だけでなく、他の生産要素の効率も考慮した「総合生産性」や「全要素生産性」といった概念も検討されたようである。

この日本生産性本部が中心となった生産性向上運動が、日本経済の復興や発展にどれだけ寄与したかという定量的な検証はない。しかし、クルーグマン教授が指摘したように生産性センターを設立した西側諸国は、社会主義国とは異なった発展形態をとったことは間違いない。香西泰氏と荻野《おぎの》由太郎《よしたろう》氏は、ソロー流の素朴な成長会計ではあるが、日本の高度成長期の平均経済成長率を一〇%としたとき、ソロー残差の割合がその成長率の過半を占めていると論じている（香西・荻野、一九八〇）。つまり日本の高度成長は、社会主義国や一九八〇年代から九〇年代にかけてのアジアの新興国と異なり、生産性主導の経済成長を達成していたのである。

†バブル崩壊と日本の長期停滞

高度成長が終わり、日本は二度の石油危機に見舞われる。このとき高騰する石油価格がＴＦＰにマイナスの影響を及ぼすといった議論やエネルギー効率の立場から生産性を論じることはあったが、日本経済がこの問題を克服するにつれて、生産性への関心は薄れていった。

生産性の議論が再び注目されるようになったのは、バブル崩壊から一〇年を経て起きた

「失われた一〇年」論争のときである。日本のバブルが崩壊したのは、一九九〇年代初頭であった。このとき政府は、当時としては最大限の財政金融政策を実施して景気回復に努めたが、経済成長率は上向かず、結果として不良債権が累積し、一九九七年には金融危機が起きる。二〇〇〇年代に入って経済学者達は、この一九九〇年代の経済停滞の要因を様々な角度から検討することになる。岩田規久男前日本銀行副総裁、専修大学の野口旭教授や原田泰《ゆたか》日本銀行政策委員会審議委員らは、この停滞の主要因を不十分な金融拡張政策による需要喚起策の不足に求めている。

これに対し、政策研究大学院大学の林文夫教授は、プレスコット教授との共同論文(Hayashi and Prescott, 2002)を元に、長期にわたる経済成長率の低下は、潜在成長率の低下にあるとして、その主要因がＴＦＰ成長率にあるとしている。また筆者も、一九九〇年代における産業間での生産性格差が大きいことから、高生産性部門へ生産資源を移動させることが必要であると、供給サイドに要因を求める議論を展開した。

当時は、こうした需要サイド、供給サイドいずれかの議論だけでなく、慶應義塾大学の櫻川昌哉教授のように、不良債権を軸として需要サイド、供給サイド双方にマイナスの影響が働いたとする議論もあった。すなわち民間の不良債権は、家計の消費や企業の設備投資という支出を抑制するだけでなく、金融機関の「貸し渋り」、「貸しはがし」によって、新しい技術やアイデアを持った企業に資金が回らないことで、結果的に生産性の低迷が生じていると考えたのである（岩田・宮川、二〇〇三。浜田・堀内・内閣府経済社会総合研究所、二〇〇四）。

†生産性統計公表の遅れ

ここまで読まれた読者は、日本の長期停滞をめぐる議論の概要が、先述した米国の長期停滞の議論に似ていることに気づかれるであろう。まさにその通りで、長期停滞をめぐる日本の経済学者の議論は、現在の欧米における長期停滞の議論を先取りしていたと言える。しかし、米国の議論と異なる点は、ブリニョルフソン教授らのような「技術革新楽観派」がいなかったことである。日本ではまさにIT革命が新たなビジネスに結び付いた一九九〇年代後半に金融危機が起きたため、新たな技術革新が生産性向上をもたらす可能性について言及されることは極めて少なかった。

なぜ生産性向上の最大の要因である、新たな技術革新の可能性にまで議論が広がらなかったのか。その背景の一つに、こうした新しい技術革新や生産性を学術的な基盤に基づいてアプローチする統計がなかったことが挙げられる。例えば米国では労働統計局(Bureau of Labor Statistics, BLS)が古くから労働生産性の系列を公表しており、また経済分析局(Bureau of Economic Analysis, BEA)では、国民経済計算体系の中にGDPと生産性を統合する勘定を設け、その中でTFPを公表している。このほか、オランダやカナダなどでも米国BEAと同様に国民経済計算と整合的な生産性統計を公表するようになっている。

しかし日本では二一世紀に入って生産性の問題がクローズアップされるようになっても、政府が公式に生産性データやIT投資に関するデータを公式にかつ継続的に提供することはなかった。そのため、生産性やIT革命に関心のある日本の研究者は、独自にデータ構築から始めなくてはならなかったのである。一九九〇年代後半から二〇〇〇年代前半にかけての九州大学の篠崎彰彦教授や政策研究大学院大学の西村清彦教授らの研究成果は、このようなデータの精査から始まっている(西村・峰滝、二〇〇四。篠崎、二〇〇三)。

†日本産業別生産性データベース

日本産業別生産性データベース(JIPデータベース)は、このようなバブル崩壊後の一〇年間の日本の長期停滞の要因を、供給側から探るために一橋大学の深尾教授らを中心とするチームが作成したデータベースである。JIPデータベースは、すでに述べたジョルゲンソン教授の研究成果に基づくKLEMSタイプのデータベースで、現行のデータベースでは一〇八の産業の生産性が計測できるようになっている。

もちろん、日本では一九九〇年代に慶應義塾大学の黒田名誉教授を中心とした同大学産業研究所のチームが同種のデータベースを作成していた。この先行研究を基にしたJIPデータベースは、一橋大学経済研究所や経済産業研究所のホームページからデータをダウンロードすることができたため、公表以来、内閣府、経済産業省などが公表する白書や日本銀行などの作成資料にも利用されるようになった。

またこのデータベースは、国際的な研究成果に基づくKLEMSタイプのデータベースであるため、他国の同種のデータベースから得られる生産性と比較することができる。よくサービス産業について、米国との生産性格差が話題になるが、こうした国際比較をする場合は、データの作成方法にまで遡って、共通の基盤で作成されているかどうかを確かめる必要があるだろう。さらにOECDの基準に基づいて、IT投資の系列も公表しており、日本のIT化の進展具合についてもデータを通して把握することができる。

さらに深尾教授は、信州大学の徳井教授や、学習院大学の乾《いぬい》友彦教授らと共同で産業別生産性の手法を地方経済や上場企業に適用していった。都道府県別の生産性データベースは、すでに紹介したR－JIPデータベースで、二〇一一年に公表されて以来すでに三回にわたって改訂されており、地方公共団体や日本銀行の支店などがデータを利用している。

一方上場企業の生産性データベースは、韓国や台湾、中国の上場企業との生産性比較を行っている。深尾教授は、ここでの成果を利用して、二〇〇〇年代半ばに韓国ソウル国立大学の李恨教授と日韓の製造企業の生産性比較の成果を日本経済新聞紙上で発表し、電気機械において韓国企業がほぼキャッチアップしている現状を示した。現時点ではほぼ当たり前のことだが、当時日本でこの記事に対する反響はなかった。一方韓国では、李教授のオフィスに、なぜこの韓国企業の生産性が日本企業の生産性を下回っているのかという問い合わせがあったそうである（深尾、二〇〇八）。

二〇〇〇年代半ばと言えば、日本経済が不良債権をようやく処理し、好調な世界経済の伸びによって輸出が増加し、久々に好景気を享受していた時代である。実際は、この時期に韓国企業や中国企業との技術差はどんどん縮小していったのだが、そうしたことにまで気づく余裕はなかったようである。しかし、世界金融危機後に様相は一変する。世界金融危機後、日本の国際競争力の低下は誰が見ても明白となり、先進国の中でも最低の経済成長率を続けるようになる。こうした中で生産性の問題がようやく脚光を浴びることになるが、その経緯は、最終章にあらためて説明する。

第三章 生産性を向上させる要因は何か

†生産性向上要因を探求するグリリカス教授

第二章で述べたように、生産性の計測に関して標準的な手法を確立したジョルゲンソン教授とグリリカス教授のうち、ジョルゲンソン教授は、産業別の生産性の計測と経済全体の変動に影響を与える産業の動向に研究を進めた。それでは、もう一人のグリリカス教授は、どのような研究をしたのだろうか。

グリリカス教授は、一九七〇年代に入ってから、生産性を向上させる要因の研究に注力するようになった。彼が特に注目したのは、研究開発投資が生産性の向上に果たす役割である。ここでは、研究開発に関わる人材、設備、材料に対する支出を研究開発投資と呼ぶ。ソロー教授の計測以来、全要素生産性（ＴＦＰ）の変化率は、ほぼ技術進歩の変化率に相当すると考えられていた。したがって、研究開発投資によって蓄積された新しい技術に関する知識が、技術革新をもたらし、ＴＦＰを上昇させるというロジックは、ごく自然な考え方と言えよう。

例えば、半導体の分野では有名な「ムーアの法則」というものがある。これは、インテル社の創始者であるゴードン・ムーア氏による「半導体の集積密度は、一八カ月から二四

ＴＦＰ変化率＝知識資産の収益率×研究開発投資集約度
（＝研究開発投資額／付加価値額）

式７　ＴＦＰ変化率と研究開発投資の関係

カ月の間に二倍になる」という予言を指しているが、実際過去四〇年以上にわたる技術の進歩はこの予言通りとなっている。こうした半導体の性能向上の背景には、半導体メーカーの莫大な研究開発投資があり、そしてその性能向上によって、多くの電気製品の実質価値が向上し、生産性向上につながっているのである。

†知識資産の収益率

ムーア氏は、標準的な生産関数を基に、ＴＦＰ変化率と研究開発投資との関係を式７のように表した。この考え方は非常にわかりやすかったため、多くの研究者が研究開発投資とＴＦＰ変化率の関係を調べるとともに、研究開発によって蓄積された知識資産の収益率の計測を行った。

一九七〇年代から八〇年代にかけての米国における産業レベルの分析では、推計された収益率は二〇％から五〇％程度であった。日本でも、一九八〇年代に日本開発銀行（現日本政策投資銀行）設備投資研究所に所属するエコノミスト達が、産業別の知識資産収益率を計測した。日本での計測結果は、三〇％から五〇％程度であり、米国を少し上回る結果を得ていた（鈴木・宮川、一九八六）。

一九七〇年代から八〇年代にかけての、日本の知識資産収益率が米国よりも高い理由は、式7から明らかであろう。同時期のTFP上昇率は、米国よりも日本が高く、かつ日本の研究開発投資／GDP（これはマクロで見た研究開発投資集約度になる）は、米国とほぼ同じか若干下回っていたので、これをあてはめれば、知識資産の収益率は日本の方が高くなるのである。

†知識資産の収益率はなぜ高いのか

ここで一つの疑問がわく。通常の資本収益率は三％から四％程度、資本の減耗分を賄うような粗利益率でも一〇％程度であるのに対し、なぜ知識資産の収益率はこれほど高いのだろうか（ここで粗収益率は、通常のビジネスの用語とは少し異なる使い方をしている。通常日本の実務では、粗収益率は、粗利益の売上高に対する比率を指すことが多いが、経済学で資本収益率と言う場合は、投下した資本に対して、どれだけの収益があげられるかを言う。その中で粗収益というのは、売上高からすべての費用を控除した後の純収益に減価償却費を加えたものに相当する）。これには三つの理由がある。

一つ目は、知識資産、すなわち新しい技術に関する知識は、建物や機械といった通常の資産よりも減耗が早い。このため、常に新たな知識を獲得できる投資を行うだけの高い収益率を確保する必要がある。

二つ目は、リスクに対する報酬という側面である。研究開発投資は、それが常に成功して企業に収益をもたらすわけではない。成功の裏側では数多くの失敗がある。こうしたことから、こうした研究開発投資に資金を提供した投資家は、通常よりも高い収益率を要求するためだと考えられる。

最後は、スピルオーヴァー効果の存在である。新しい技術は、特許などで保護されるが、それでもライセンスの供与などによって拡散していく。こうして新しい技術知識が拡散することで、最初に革新的技術を発明した企業以外も追加的な投資をするだけで、新たな技術知識を手に入れる可能性がある。経済全体や産業全体で知識資産の収益率を計算すると、このスピルオーヴァー効果によって、技術革新を最初に達成した企業以外の企業への波及効果も含まれることになる。実際明治大学の鈴木和志教授と筆者（宮川・鈴木、一九八六）は、知識資産の波及効果は直接効果の二倍以上になるという日米の推計結果を紹介している（鈴木・宮川、一九八六）。

†企業レベルの生産性分析

知識資産のスピルオーヴァー効果の見本のように、グリリカス教授の研究開発投資と生産性に関する分析は、生産性の要因を確かめるということ以外に二つの派生効果をもたらした。一つは企業レベルの分析の発展である。彼は、自分の手法を産業レベルのデータを使って分析するだけでなく、企業レベルのデータを利用して分析した。こうした企業レベルの分析は、産業レベルの分析とは違った結果をもたらしている。

例えば、企業レベルの知識資産収益率は一〇%台と、産業レベルの収益率よりもかなり低く推計されている。また米国企業と日本企業のデータを使った分析では、一九八〇年代において、研究開発投資が生産性に与える影響に関して、日米に大きな差は見られず、当時の両国の労働生産性上昇率の格差は、日本側の旺盛な資本蓄積による資本・労働比率の差による部分が大きいとしている（Griliches and Mairesse, 1990）。

一九八〇年代に企業レベルのデータを整備するのは大変な作業だったが、一九九〇年代に入ってからは整備が進み、またそのデータを使って分析するコンピューターの処理能力も大幅に向上したため、企業レベルの分析は大きな広がりを見せるようになる。グリリカス教授の分析は、こうした企業レベルの分析に関してパイオニア的な役割を果たしたと言える。

†内生的経済成長理論の発展と研究開発投資

グリリカス教授の研究までは、全要素生産性は時間が経過するにつれて勝手に上昇していくものだと理解されていた。しかし、グリリカス教授の研究以降、TFPの向上に関して、研究開発投資という企業の重要な戦略が影響を与えていることが明らかになった。このことは、従来技術進歩を経済の体系外から捉えていた（つまり、技術革新というのは、「天からの啓示」のように、突如ひらめいて起きる、と考えられていた）経済成長論の発展に大きな刺激を与えた。

一九八〇年代に入ると、研究開発による知識資産の増加が、生産性を向上させ、ひいては長期的な経済成長率も上昇させるという経済成長理論が現れた。この理論では、経済全体で利用可能な資源を、当面の生産と、長期的に生産性を向上させる研究開発にどのように振り向けるかは、経済の体系内で決まっているという意味で、内生的経済成長理論と呼ばれた。この理論によれば、新たな技術を生み出す上で重要な要因は、研究開発の規模

（通常は、研究者数で測る）と研究開発の効率性である。研究開発の規模は、限られた資源の中で、どれだけを研究開発に振り向けるかを示す割合で決まる。例えば、労働者全体に占める研究者の割合などである。この比率が上昇すれば、経済はより規模の大きな段階へと移行することができる。同様のことは、研究開発の効率性が上昇しても起きる（内生的経済成長理論を解説したテキストとしては二神・堀、二〇〇九、第9章）。

†各国の研究開発投資

研究開発投資が生産性を向上させ、経済成長率の上昇に寄与するという見方は、政府の研究開発投資支援策の理論的背景となり、各国とも研究開発投資の促進には力を入れている。

図3-1は、研究開発投資額の集約度（対GDP比率）を国際比較したものである。これを見ると、日本の研究開発費は、二一世紀に入ってから三％を超えており、先進国の間では最も高い水準を維持していた。しかし、二一世紀に入って韓国が急速に研究開発投資に力を入れるようになり、二〇一〇年代には日本を超えて四％に達している。同様に、中国の研究開発費も上昇傾向を維持している。二〇一〇年代初めには二％の水準だが、中国

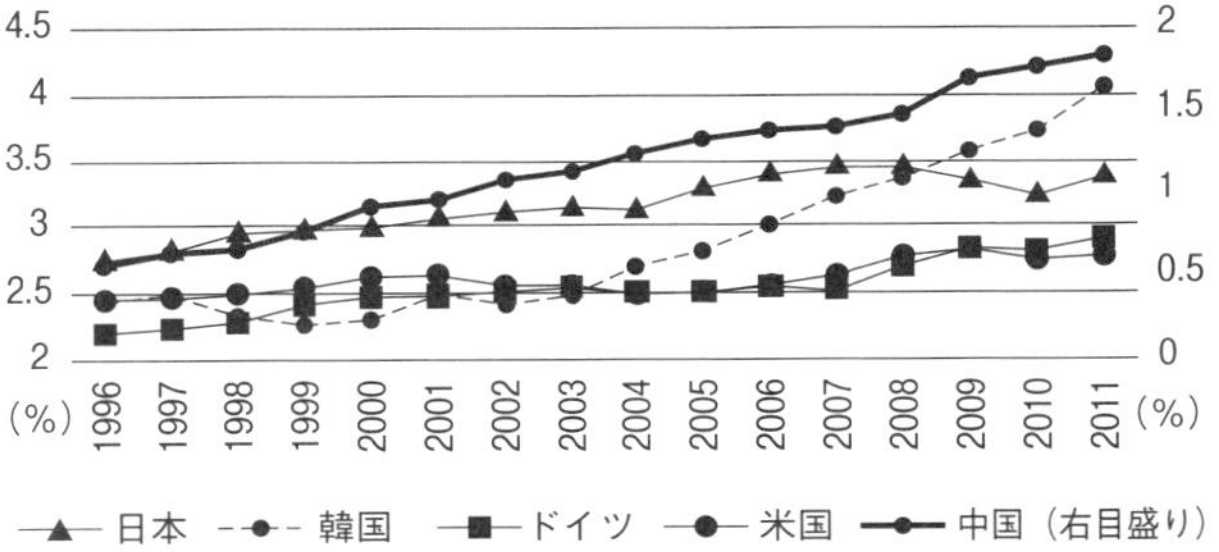

図3－1　研究開発投資比率の国際比較

経済の規模がすでに日本を大きく上回っているため、研究開発の規模でも日本を超えていると考えられる。

一方、ヨーロッパ諸国の研究開発集約度は、総じて日本より低い。図3－1ではドイツしか示していないが、ヨーロッパの国々にとって当面は、日本のように研究開発集約度が三％を超えることが目標となっている。

†収益性の低下

図3－1で日本の研究開発費の水準が、今世紀に入ってから三％を超えていることを見たが、まさにその時期から日本の研究開発投資の課題が明らかになり始めたのである。すでに見たように、日本は一九九〇年代初めのバブル崩壊以降、経済成長率も生産性上昇率も大きく落ち込んだ。そうした中で研究開発投資は三％前後で推移してきたのだから、式7にしたがえば、知識資産の収益率は急速に低下し

たことになる。

中央大学ビジネススクールの榊原《さかきばら》清則教授と東京工業大学イノベーションマネージメント研究科の辻本将晴《まさはる》准教授は、日本の知識資産の収益率を一九六〇年代から計測し、それが九〇年代に入って低下したことを示している。さらに彼らは、過去五年間の累積研究開発費が、その後の五年間の累積営業利益額にどのように反映されているかを研究開発の効率性とみなし、日本を代表する企業の多くがこの効率性を低下させている結果を紹介している。同様に学習院大学の乾教授と日本大学の権教授も、企業レベルの生産関数の推計を通して知識資産収益率を計測し、その収益率が一〇%を下回っていることを示している（榊原・辻本、二〇〇四。Kwon and Inui, 2003）。

†効率性の低下

また、内生的経済成長理論に基づく研究開発の効率性も、一九八〇年代と比べると九〇年代以降は明らかに水準が低下している（表3-1）。同様の研究開発効率性の低下は、世界金融危機後の米国経済でも指摘されている。スタンフォード大学のブルーム教授、ジョーンズ教授、マイケル・ウエブ教授、MITのジョン・ヴァン・リーネン教授らは、ムーアの法則が限界を迎えているのではないか、新薬の発見に多大な資源が投入されるようになっているにもかかわらず、人々の寿命はそれほど延びていないことなどを例示して、全般的に研究開発効率性が低下しているのではないかと述べている（Bloom et. al., 2017）。

このように、各国とも研究開発投資の収益性・効率性の低下に悩んでいるが、日本はその中でも特にパフォーマンスが悪い。日本経済新聞は、二〇一七年一一月二日と二〇一八年二月二六日に、榊原教授らが紹介した研究開発効率性の国際比較を示しているが、日本企業の研究開発効率性は、他の先進国と比べて大きく見劣りしている。

しかしながら、一方で日本の事業所レベルでの研究開発効率性はそれほど低下していないという結果もある。東京大学の元橋一之教授は、バブル崩壊前とバブル崩壊後で、研究開発を含む生産関数を推計したところ、バブル崩壊後も研究開発効率性は低下していないという結果を得ている。一橋大学の深尾教授のチームも、事業所ベースのデータで元橋教授と

	国名	日本	ドイツ	英国	米国
TFP	製造業	0.21	0.46	0.45	0.06
	国名	日本	ドイツ	英国	米国
LP	製造業	0.42	0.46	0.36	0.22
	情報サービス	0.10	0.90	0.27	0.35

表3－1　技術効率性の低下
数値は、1995年から10年間の技術効率性を1としたときに、2005年からの10年間の平均的な技術効率性の水準を表わす。
JIP データベース、EUKLEMS データベースを使い筆者推計

同様の結果を得ており、彼らは、工場の海外移転に伴い、日本国内には効率性の良い研究施設が残ったのではないかと結論づけている（元橋、二〇〇九、池内他、二〇一三）。

現在、日本では研究開発費の量的な側面に注目が集まっているが、財政が悪化している状況下では、政府の研究開発支援策にも限界がある。基礎研究はともかく、応用研究以降の段階では、より研究開発効率性に着目し、その要因を検証した上で向上策を検討すべきであろう。

†IT革命で成長したサービス産業

第一章でも説明したように、一九九〇年代まで生産性向上を主導してきたのは、主に製造業の分野であった。ここでは、生産性向上の要因が研究開発投資と関連している。実際、研究開発投資を実施している産業は製造業が中心で、日本の研究開発投資の七二・六％は製造業で実施されているのである（二〇一六年）。

しかし一九九〇年代半ばから起きたＩＴ革命は、こうした傾向に根本的な変革をもたらした。すなわち研究開発投資があまり行われていないサービス産業で生産性が向上したのである。ＩＴ革命によって最も成長したのは、インターネット関連のサービスを提供する

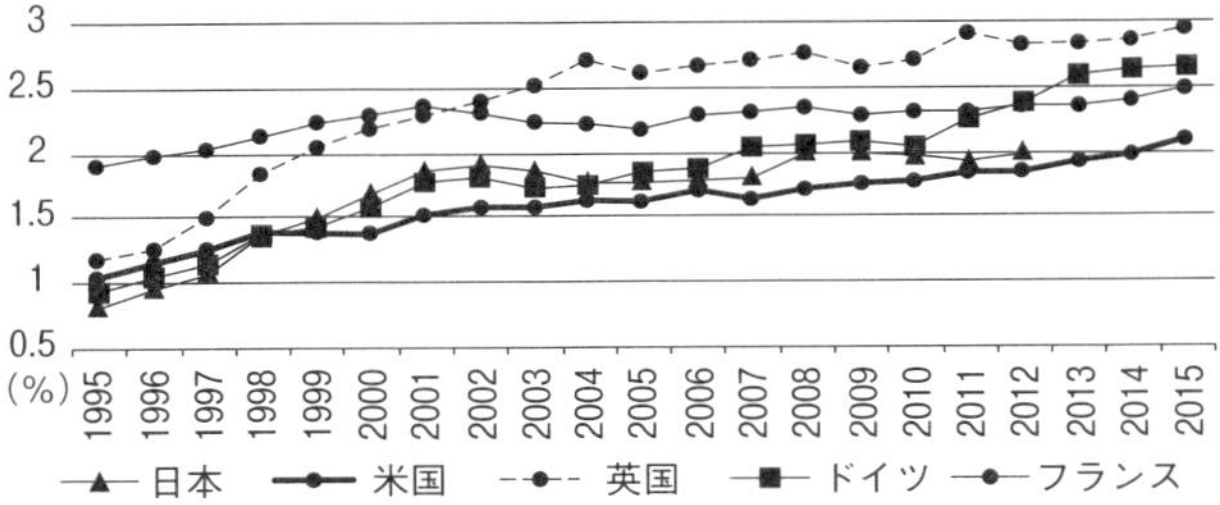

図3-2　情報サービス産業の付加価値シェア
出所　JIP データベース、EUKLEMS データベース

情報サービス産業であろう。図3-2は、この情報サービス産業のシェアをＪＩＰデータベースとＥＵＫＬＥＭＳデータベースを使って、情報サービス産業の付加価値シェアについて見たものである。これを見ると、日本は一九九〇年代の後半までは、他の欧米諸国と同様に情報サービス産業のシェアが伸びていたが、二一世紀に入ってからは伸び悩んでいる。欧米のデータを見る限り世界金融危機以降もこの傾向は変わらないようである。

これをご覧になった読者は、何だＩＴ、ＩＴと言ってもたかがＧＤＰの二%程度かと思われるかもしれない。しかし、これに通信業を加えた情報・通信業というより大きな枠組みで見ると、二〇一六年の付加価値額は二七兆円で、全体の五%を占める。そしてこの二七兆円という付加価値額は、一つの産業としてみるとかなりの規模になる。これは製造業全体の四分の一程度の規模であり、サービス業の中では卸・小売業、不動産業、専門・科学技術、用務支援サービス業、保険衛生・社会事業、建築業に次ぐ大きさである。

†情報サービス産業の生産性

次に情報サービス産業の労働生産性の推移を図3－3で見てみよう。ここでも日本は、IT革命が始まった一九九〇年代後半は大きな伸びを示していたが、二一世紀に入ってからはむしろ低下している。欧米先進国は、フランスを除いて日本とは全く異なる動きを示し、二一世紀に入ってからも着実に生産性を上昇させている。米国やドイツでは一九九五年から二〇一五年の二〇年間の間に、労働生産性は二倍になっている。

こうした動きに対して、日本はIT産業の伸びとともに雇用を増やしていったからだという反論もあるかもしれない。確かに、日本の情報サービス産業の就業者数は、一九九五年の六四万人から二〇一二年には一二〇万人と二倍程度に増加している。しかし、米国でも情報サービス産業の就業者数は、二一世紀に入って五〇万人程度増えており、またドイツでも同産業の就業者数は、一九九五年からの二〇年間で三倍以上にも増加している。このことは、日本の情報サービス産業の労働生産性の低下は、決して雇用量によるものでは

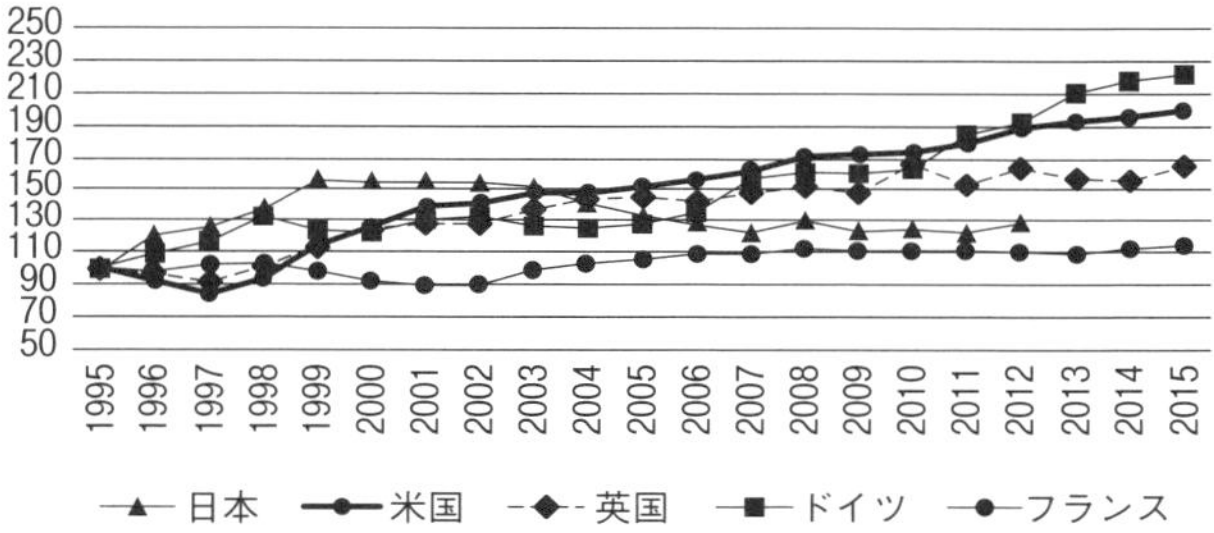

図3-3　情報サービス産業の労働生産性推移（1995年＝100）
出所　JIP データベース、EUKLEMS データベース

なく、付加価値の低迷によって生じていると考えられる。

†ネットワーク効果の活用

しかし、読者はこうした一つの産業の生産性の向上がなぜ経済全体の生産性向上につながるのか、不思議に思われるかもしれない。その理由はネットワーク効果にある。ネットワーク効果というのは、ある産業で起きたプラスの効果が、他産業にも波及してプラスの効果をもたらすというものである。

読者は、東日本大震災の際に今説明したことと全く逆の効果を目の当たりにしたはずである。二〇一一年三月一一日に発生した東日本大震災は、日本中の多くのネットワークをずたずたにした。まず福島や宮城の原子力発電所が被災したことにより、関東以北の電力ネットワークがダメージを受け、計画停電によって、通常の家庭が自由に電気を使えないだけでなく、多くの工場や鉄道などでも通常の操業やサービスの提供ができなくなった。また寸断された道路ネットワークは、日用品だけではなく、企業間の製品や部品の流通を阻害し、やはり操業に支障が生じる。また茨城県にあった自動車用マイコンのメーカーが被災したことにより、国内の自動車工場が一斉に操業できなくなったことは、いまだ記憶に残る大きな衝撃である。

以上の例は、すべてマイナスのショックが、様々なネットワークを通じて波及した事例だが、このことは、私たちの通常の経済生活が、これらのネットワークを通して一企業や一産業にとどまらないプラスの波及効果を常に前提としているということを意味している。

ＩＴ革命は、こうしたネットワークの中でも情報ネットワークが飛躍的に発展し、日常生活だけでなく経済取引における情報交換が驚くほど便利になったことを意味する。かつて私たちは、待ち合わせに遅れそうになっても、自宅を出た後では相手に待ち合わせに遅れることを伝達する手段がなかった。しかし、携帯電話やＳＮＳの発達はそうした不便さを一気に解消してくれたのである。同様に、企業間の取引や組織内の仕事の進め方でも、何度も会議をして決定に至るプロセスを改善することができるはずだ。こうした情報ネットワークの活用は、企業間や企業内の取引コストの削減に寄与し、生産性は上昇すると考えられている。

†ＩＴ機器価格の低下

しかしここで説明しているネットワーク効果が有効に働くためには、パソコンや携帯電話、スマートフォンなどの情報通信機器が広く普及していることが必要になる。先ほどの待ち合わせの例でいえば、自分だけがスマートフォンを持っていても、相手が持っていてくれなければ、待ち合わせの遅れを相手に素早く伝えることができない。同様に仕事でも、自分だけが高性能のパソコンを持っていても、相手が持っていなくては業務上の指示は素早く伝わらない。

ネットワーク効果を広げる基盤として、多くの人々や組織が情報通信機器を保有することを可能にしたのが、情報通信機器の驚異的な価格の低下である。図３－４は、情報通信機器の価格がこの二〇年余りで約五分の一になったことを示している。この価格低下は、ムーアの法則に代表されるような、電子機器分野の技術革新によって達成されている。筆者は、日本経済研究センターの伊藤由樹子研究員や筑波大学の原田信行准教授らとの共同論文で、こうした半導体のような電子部品部門での技術革新による生産性上昇が取引ネッ

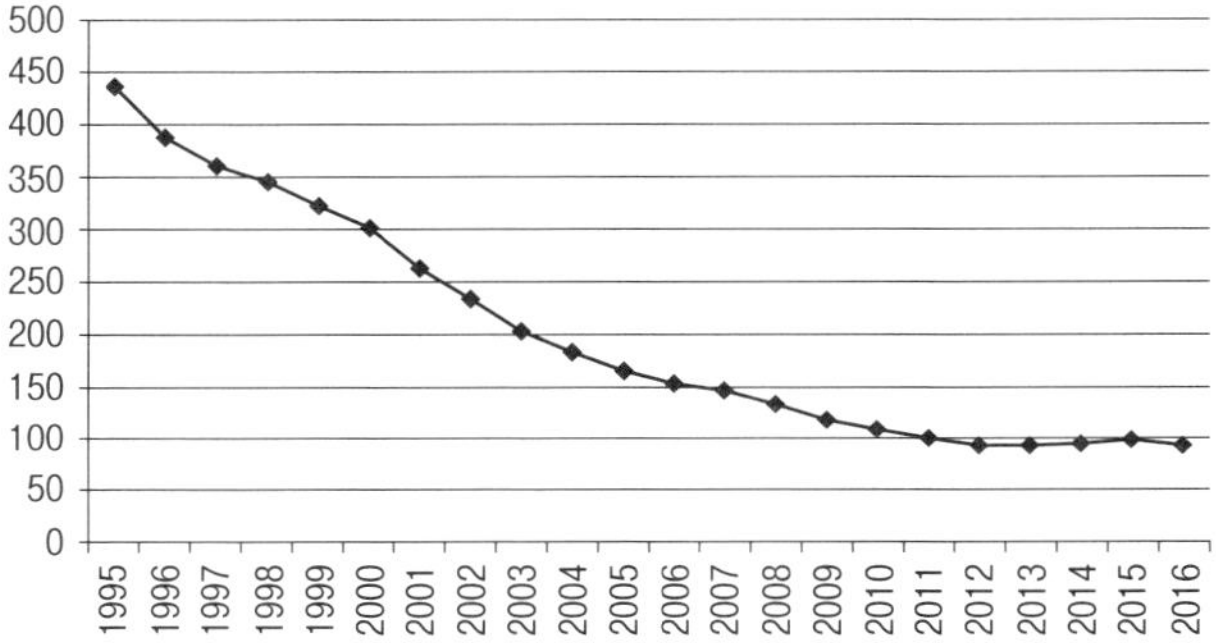

図３－４　情報通信機器価格指数の推移（2011年＝100）
出所　国民経済計算年報

トワークを通して他の部門に波及していることを示している（Miyagawa, Ito, Harada, 2004）。

この価格低下がＩＴ投資を増加させた。ＩＴ投資というのは、コンピューター及びその周辺機器、通信機器及びソフトウエア投資の総称だが、この合計額が全投資に占める比率が図３－５に示されている。これを見ると多くの国でＩＴ投資の比率は順調に増加している。日本のＩＴ投資は、二一世紀に入ってからは毎年一〇兆円を超える投資が行われており、二〇一六年は約一六兆円の投資額となっている。しかし、全投資に対する比率で見ると、二〇一〇年ころまでは上昇傾向にあった比率が、それ以降は下落傾向を示している。これは恐らく、図３－５で見たように二〇一〇年以降になってから情報通信機器の価格低下が一段落し、それ以降価格が横ばいで推移

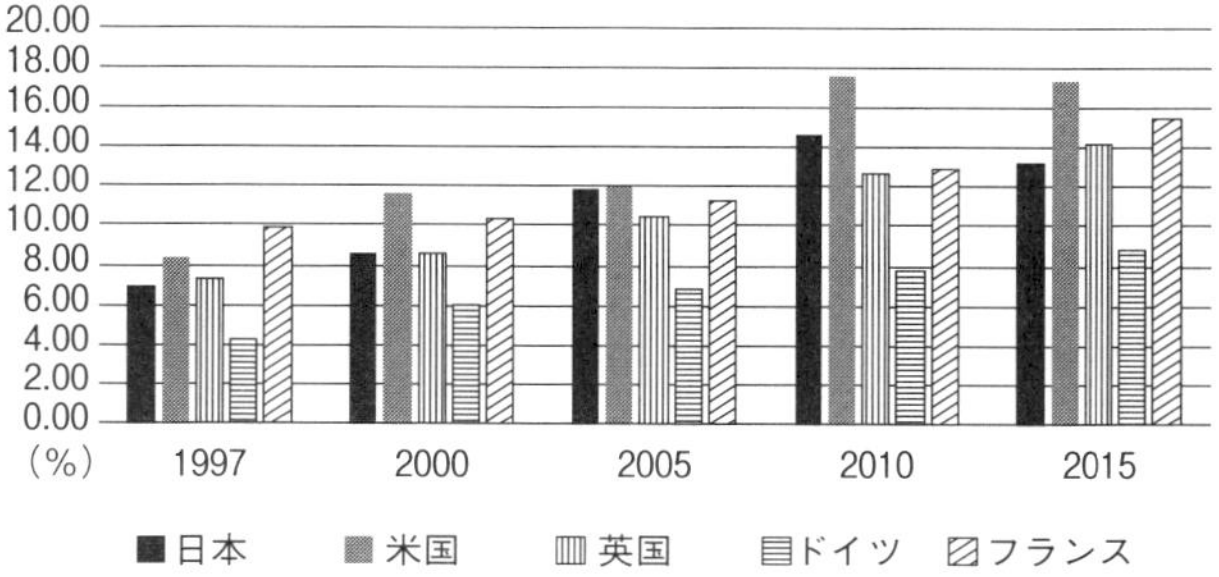

図3-5　IT投資／全投資比率の推移
出所　国民経済計算年報、EUKLEMSデータベース

するようになり、他の投資と比べて優位性が薄れてきたためであると考えられる。

無形資産投資の役割

一九九〇年代後半から、米国ではIT革命をビジネスに利用したアマゾンやグーグルなど新たな業態の企業が急成長し、米国経済を牽引した。すでに述べたようにこうした企業は、従来は生産性が低いと見なされていたサービス産業に属していたため、製造業の分野で新興国と厳しい国際競争力を強いられていた米国以外の先進国にとっては新たな成長機会が訪れたと映った。このため、日本も含めて各国とも積極的なIT産業育成策やIT投資促進策をとった。日本では二〇〇〇年に高度情報通信ネットワーク社会形成基本法が制定され、日本の経済社会のIT化を促進する政策を打ち出すために、高度情報通信ネットワーク社会推進戦略本部（通称IT総合戦略本部）が、二〇〇一年に設置された。

しかし多くの人が認識しているように、日本だけでなくヨーロッパの先進国でもアマゾンやグーグルのようなIT化を利用した成長企業は現れず、サービス産業の分野で顕著な生産性の上昇が見られることもなかった。このため経済学者は、生産性向上を実現するためにはIT化だけでは足りず、何か補完的な役割を果たす要素が必要であると考えるようになった。

例えば、ネットワークと接続しているパソコンは、仕事の能率を飛躍的に改善させるが、それはパソコンを起動させ、ネットワークとやりとりできるソフトウエアがあって初めてその能力を十分に利用することができる。またスマートフォンも、様々なアプリを利用することによってその用途が飛躍的に広がるのである。しかし、パソコンにおけるソフトウエアやスマートフォンにおけるアプリは、私たちが手に取ってその存在を確認できるものではない。それでも、この見えないものの助けがなければIT機器は、その性能を十分に発揮しえないのである。

ソフトウエアやアプリは、それを使うとすぐに消滅してしまうものではなく、建物や機械のように何年にもわたって使用することができる。したがってソフトウエアやアプリは資産の一種と考えられるが、目で見たり（もちろんアイコンとして認識することはできる）、手に取って実感することはできないので、建物や機械を有形資産と呼ぶのに対して、無形資産と呼んでいる。

かつては、生産活動を支える資産としては機械や建物などの有形資産が圧倒的に重要であり、企業が財務諸表に記載する無形資産と言えば電話加入権のようなものしかなかった。しかし、ＩＴ化に伴い、この無形資産の重要性は飛躍的に増している。今日では金融機関などは、勘定系のシステム構築にかかった費用を無形資産として計上している。このように、ＩＴ化時代には無形資産の補完的役割が不可欠であることから、二〇〇七年の米国大統領経済報告では、「無形資産の補完的役割なくしては生産性の向上は期待できない(Only when they made intangible investments to complement their IT investments did productivity growth really take off)」と述べている（宮川・淺羽・細野、二〇一六）。

†無形資産の種類

実は研究開発投資によって蓄積される知識資産も無形資産の一つである。ＧＤＰを計算する統計システムである国民経済計算体系というのは、一五年から二〇年くらいに一度、その計算方式が改訂されているが、一九九三年に改訂されたヴァージョンから、ソフトウエアと資源開発権という二つの無形資産が投資として認識されるようになっている。そして二〇〇八年に改訂されたヴァージョンでは、さらに研究開発支出も投資として認識されるようになっている。

ただ国民経済計算は、多くの基礎統計をもとに経済全体の活動規模であるGDPを推計するため、その基準を変えても、実際に調査を行う基礎統計から変えていかなくてはならない。これには時間がかかるため、新しいヴァージョンの国民経済計算体系が実際の統計として公表されるまでにはかなりの期間を要する。日本では二〇〇八年ヴァージョンの国民経済計算体系（2008SNA）が実際に統計数値として運用されたのは、八年後の二〇一六年一二月であった。この二〇〇八年ヴァージョンの国民経済計算によって、実際に研究開発活動が設備投資として加算されるようになったため、GDPが大きく増加したことは記憶に新しい。

国民経済計算体系は、表3－2に示されているように、ソフトウエア、資源開発権、研究開発以外にも、娯楽・文芸・芸術的創作物やその他の知的所有権も投資として計上すべき無形資産として考えている。しかし、これらを国民経済計算体系に取り込むかどうかは、各国の基礎統計の整備状況の違いもあるので、国によって異なっている。すでに述べたように、日本ではソフトウエア、資源開発権、研究開発の三種類の無形資産が現在投資として計上されているが、英国のように娯楽・文芸・芸術的創作物をすでに投資として計上している国もある。英国は、ビートルズやハリー・ポッターのように、世界中で聴かれている音楽や読まれている文芸作品があるため、この分野の無形資産は英国経済にとっても重要だと認識されているのだろう。

2008SNA	Corrado, Hulten, and Sichel
1．コンピューター・ソフトウエア及びデータベース	1．情報化資産 コンピューター・ソフトウエア データベース
2．資源開発権 3．研究開発 4．娯楽・文芸・芸術的創作物	2．革新的資産 資源開発権 科学的研究開発 著作権・ライセンスなど デザイン及び非科学的研究開発
5．その他の知的所有権	3．経済的競争能力 ブランド資産 企業特殊的人的資本 組織改革費用

表3－2　無形資産の分類

†日本の無形資産投資

現在日本の国民経済計算に計上されている無形資産投資は、二〇一六年現在二九兆円、そのうちソフトウエア投資が一〇兆円、研究開発投

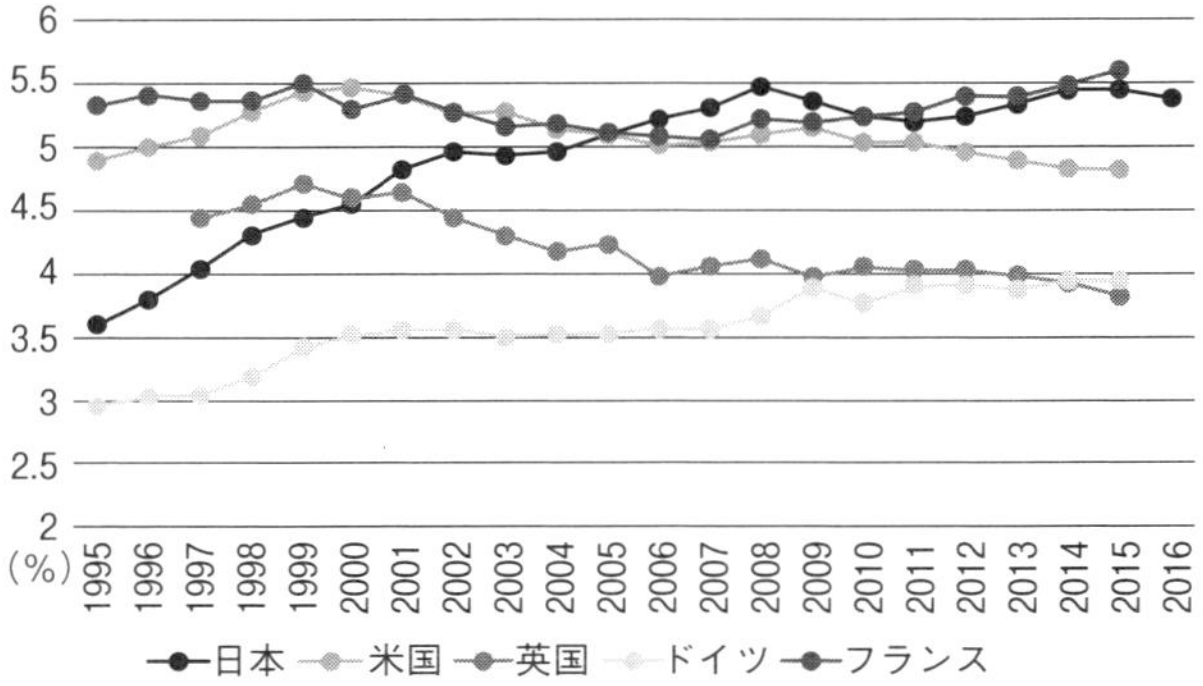

図3-6　無形資産投資／GDP比率の国際比較
出所　国民経済計算、EUKLEMS database

資が一九兆円で、あとわずかに資源開発関係の投資が計上されている。図3－6では先進国の無形資産投資の対GDP比率が示されているが、二〇一六年の日本の比率は五・四％と先進国の中でも高い比率となっている。ただこの比率は過去二〇年間で最高というわけではない。IT革命が始まった一九九〇年代後半から日本の無形資産投資比率は大きく伸びたが、世界金融危機前にピークを迎えた後は、ほぼ横ばいで推移している。

現在の日本のGDPは、世界金融危機前と比べて大きく増加したわけではないので、金額的にも無形資産投資はほぼ横ばいで推移していると言える。この点は米国や英国、ドイツも同じで、世界金融危機後は無形資産投資が伸び悩んでいる。唯一フランスだけが、世界金融危機後も無形資産投

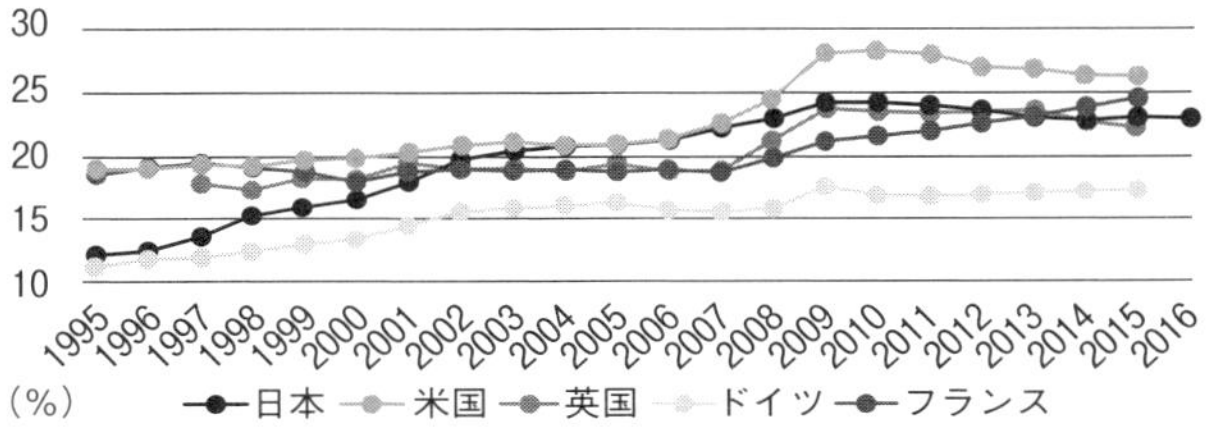

図3－7　無形資産投資／全投資比率の国際比較
出所　国民経済計算、EUKLEMS database

資を増加させている。

それでは、有形資産も合わせた設備投資全体に占める無形資産投資の比率はどのようになっているのだろうか。図3－7は、先進国についてこの比率を見たものである。この図を見ると、日本の比率は二〇一六年時点で二三％と、米国よりは低いものの英国やフランスとほぼ同じ比率である。この二〇年間の推移でみると、GDP比率の場合と同じく、世界金融危機の前までは上昇基調にあったが、その後は他の先進国と同じく伸び悩んでいる。

広義の無形資産と生産性

肝心な点は、無形資産投資が生産性の向上に寄与するかどうかである。二〇一三年にOECDが出した報告書New Sources of Economic Growthでは、有形資産と比べて無形資産の方がより効率的に全要素生産性を向上させると述べている。しかし、このときに利用された無形資産投資のデータは、表3－2に記載された国民経済計算（2008SNA）の範囲で推計されているよりも、広い範囲の無形資産投資である。

この広い範囲の無形資産は、米国のエコノミストのキャロル・コラド氏らによって定義された（Corrado, Hulten and Sichel, 2009）。彼女達の定義は、ある意味では、国民経済計算で定義されるその他の知的所有権の部分をより拡張的に考え、その中で実際の経済統計から計測可能なものを選んだと言える。彼女達が定義した無形資産で、国民経済計算に含まれていないものは、著作権・ライセンス、デザイン、ディスプレイ、ブランド資産、企業特殊的人的資本、組織改革費用などである。

第一章では、全要素生産性を向上させる要因として、鉄道のダイヤや動物園における動物の見せ方などを挙げたが、効率的なダイヤを作成するには学校教育では不十分で、企業内での人材育成が必要であり、動物の見せ方はまさにディスプレイに相当する。この他にも日本企業の生産性向上の事例として、長くて非効率な会議の改革がよく指摘されるが、これもまたコラド氏らが指摘する組織改革に含まれるのである。

いま挙げた事例は、いずれも費用を伴うものである。人材育成には研修費が必要だし、ディスプレイを変更するにも設備費用やデザイン費用などがかかる。長く非効率な会議をあらためて、意思決定を短縮化しようとする場合でも社内LANの整備が必要になる。また研修や意思決定の変更に伴う決済基準の変更に要する時間は、その時点における生産活動とは直接関係ないために、そこで支払われた賃金分も将来の企業活動のために支払われた投資費用と考えられる。

コラド氏らは、二〇〇五年頃に広義の無形資産投資の計測を米国について行ったが、この手法は瞬く間に先進国間に広がり、二〇一〇年代には主要OECD諸国において、広義の無形資産投資が計測可能となったのである。日本では一橋大学の深尾教授や筆者らが、この広義の無形資産投資の計測を行い、その成果を(独)経済産業研究所のウェブサイトに掲載している。それを見ると、最近期の広義の無形資産投資は約四〇兆円程度で推移している。過去からの動きは、国民経済計算で定義された無形資産投資の動きと同じで、世界金融危機前までは伸びていたものの、その後はほぼ横ばいで推移している。

しかし、広義の無形資産投資データを使って国際比較をすると、先ほどとは異なる側面が見えてくる。先ほどの定義による無形資産投資の対GDP比率では、日本は他の先進国並みの水準であった。しかし、図3-8のように広義の無形資産投資で国際比較をすると、日本の無形資産投資/GDP比率は、先進国中最低になってしまう。このことは、日本が

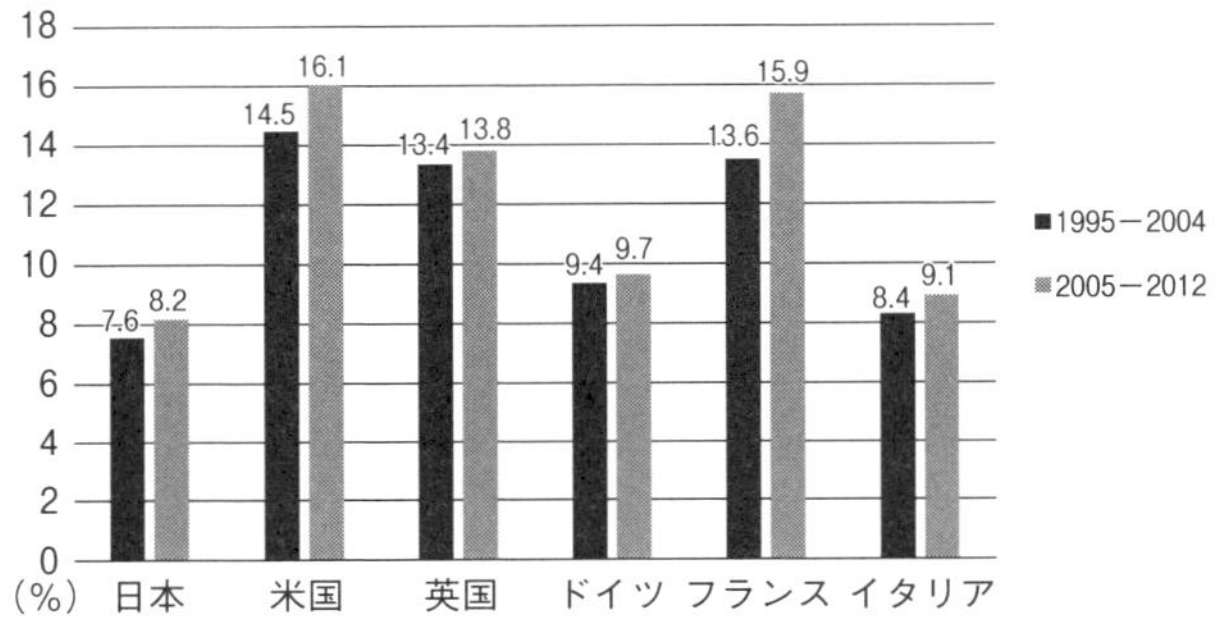

図３-８　広義の無形資産投資／GDP 比率の国際比較
国民経済計算、JIP 2015及び INTAN Invest database より作成

デザイン投資、ディスプレイ投資、ブランド投資、企業特殊的人的資本投資、組織改革投資の分野で後手に回っていることを示している。

人材投資が少ない日本

国民経済計算の中に含まれない無形資産投資は、どれも重要だが、日本の場合は特に企業特殊的人的資本投資、いわゆる人材投資の動向が問題である。この企業特殊的人的資本投資は、企業が研修などで実施する人材育成投資の一部である。企業の人材育成投資は、業務時間内に先輩から業務の効率的な進め方や製造技術を学ぶ on the job training（ＯＪＴ）と業務時間外に、業務と関わりのある専門知識について学ぶ off the job training に大別することができる。欧米ではあまりＯＪＴは普及しておらず、また

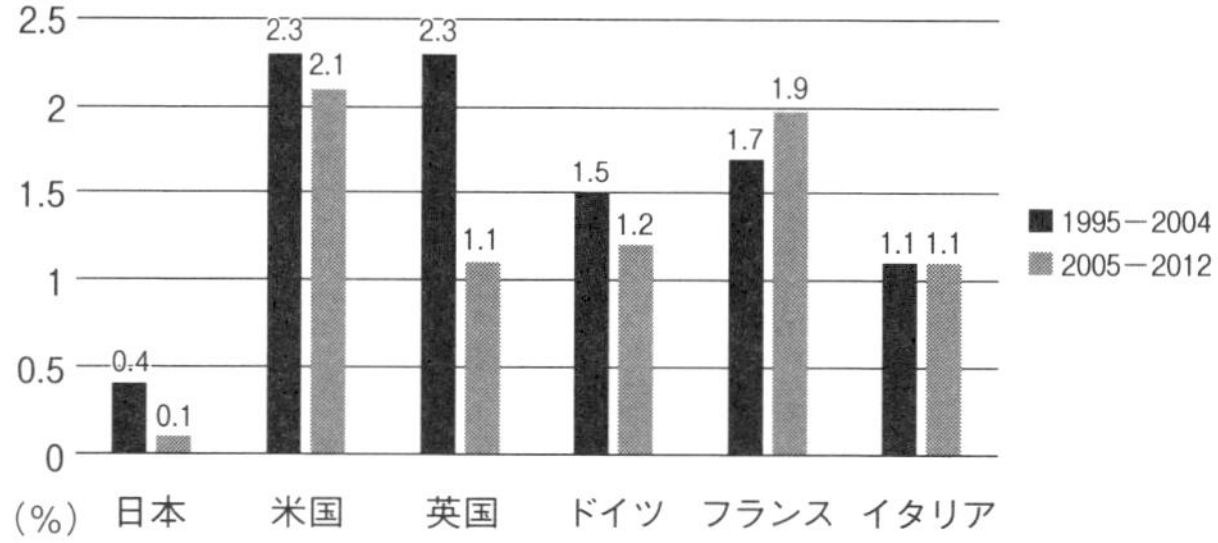

図3－9　人材投資／GDP 比率
国民経済計算、JIP 2015（一部宮川簡易推計）及び INTAN-Invest database より作成

データとしても把握しにくいため、ここでの人材育成投資は、後者の off the job training を対象としている。

図3－9を見るとわかるように、日本はこの人材育成投資の部分が、他の先進国と比べて極めて低い。日本におけるこの人材育成投資のピークは、バブルが崩壊した直後の一九九一年であった。その後徐々に低下し、一九九七年、九八年の金融危機を経ると一層減少が大きくなった。この結果二〇一五年の人材育成投資額は、ピーク時のわずか一六％になっている。

日本の経営者は機会があるごとに、武田信玄の名言とされている「人は石垣、人は城、人は堀」を真似るかのように、「わが社の強みは人材だ」とか「人材こそすべて」などと人材の重要性を強調していたのにこれはどうしたことだろうか。残念ながら、バブル崩壊後の企業は生き延びるためになりふりかまっていられなかったのだろう。人材育成を必要としない非正規雇用を急速に増やし、少しでも費用を節減するために研修費を減らしていった。

これに対して日本では、伝統的に仕事の現場で育成を行うon the job trainingが中心なのだから、off the job trainingが少なくても大丈夫だという反論もあるかもしれない。例えば、猪木（二〇一六）は、綿密な工場現場での調査をもとに、ＯＪＴの重要性を説いている。確かに筆者が行った調査では、日本企業は就業時間の一〇％程度をon the job trainingにあてている。したがってこの期間に支払われている賃金を、研修費相当として換算すれば、日本の人材育成費は先進国間でも見劣りのしないものになる。

しかし、私も社会人時代に経験したが、on the job trainingは、これまでの仕事をより手際よく遂行する術を学ぶには適しているが、新しい技術やビジネス・モデルを学ぶことはできない。さらに（独）経済産業研究所の森川正之副所長の研究が示すように、サービス業では製造業よりもoff the job trainingが生産性を向上させる度合いが大きくなっている（森川、二〇一八）。戦国時代、武田の騎馬隊は最強と謳われたが、長篠の戦いで鉄砲を中心とした革新的な戦術に大敗する。残念ながら既存技術の継承だけでは組織や国を守る

	情報化投資	R&D 投資	人材投資	組織資本投資
日本	4.48	2.12	−7.91	−1.23
米国	3.96	3.09	2.56	4.12
英国	5.12	1.24	−1.66	5.01
ドイツ	5.96	2.48	0.18	3.10
フランス	5.11	1.87	1.59	1.65
イタリア	1.40	3.21	−0.09	1.01

表3－3　無形資産間の連動性　（単位：％）

出所　国民経済計算、JIP2015, INTAN-Invest databese より作成

ことはできないのである。

†補完性の欠如

すでに述べたように、無形資産投資は他の革新的投資と連動することで生産性の向上に寄与する。しかし、日本の場合はＩＴ投資が堅調な増加を示しているのに対し、人材投資は全く逆方向の動きを示している。この点は研究開発投資と人材投資との関係についても同様である。しかし表３－３を見ればわかるように、ほとんどの先進国ではＩＴ投資や研究開発投資の増加とともに、人材投資や組織改革投資を増やしている。この点が先進国の中でも日本の生産性上昇率がひときわ低い一因と言えよう。

もっとも日本にも不運な点はある。ＩＴ革命が起きた一九九〇年代後半期に金融危機が起き、人材育成投資を始めとする多くの無形資産投資を削らなくてはならなくなったからだ。同様のことは、世界金融危機後の先進国で一様に起きており、図３－９で二

〇〇〇年代後半からの人材投資が減少している理由は、世界金融危機以降の減少が影響しているからである。このことは、日本における無形資産投資の傾向が日本特殊的なものではなく、担保になりにくいため資金調達の手段としても有用ではないという無形資産の特徴から、金融危機時には大きく削減されるという、資産の特殊性によるものであることを示している。

しかし、このことは必ずしも二〇年の長期にわたって、無形資産投資、特に人材投資を怠ってきた言い訳にはならないだろう。バブル崩壊後の日本では、その直後に不良債権処理をするという選択肢もあった。そうすれば財政赤字を積み上げることなく、新しい産業の振興に政府支出を集中する余裕もあっただろう。また金融機関も不良債権の制約にしばられることなく、新規事業に資金を投入することができたかもしれない。またたとえ一九九七年、九八年に金融危機が起きたとしても、同時期に通貨危機に見舞われ、一時はＩＭＦの管理下に入った韓国が、その後急速に構造改革を行い、二〇〇〇年代には世界で有数のハイテク国家になったことを考えれば、日本が歩んだ道は、あまりに世界の動向からかけ離れていたと言わざるを得ない。

第四章

企業レベルの生産性向上

†企業レベルデータを利用した分析

　これまでは、主にマクロ経済または産業レベルでの生産性向上について述べてきた。そこでは一九九〇年代後半のＩＴ革命が、産業構造の変化や生産性向上の要因に大きな変化をもたらしたことを指摘した。実は経済学における実証分析もこのＩＴ革命の影響を大きく受けている。ＩＴ革命以前まで、生産側の実証分析はマクロレベルや産業レベルの分析が主流であった。しかし第一章でも述べたように、コンピューターの分析能力の飛躍的な向上は、大量の企業レベル・事業所レベルのデータを処理して、計量的な検証を行うことを可能にしたのである。

　ある企業が複数の工場を有している場合、その一つ一つの工場を事業所と呼ぶ。つまり企業よりも詳細な生産単位を事業所と呼んでいるのである。例えば日本の上場企業は東証一部上場企業だけでも約二〇〇〇社ある。この上場企業について一九九一年から二〇一〇年までの財務諸表をとるとデータ数は四万位になる。経済学者は、こうした大量のデータを扱い、分析するようになったのである。

　こうした企業や事業所レベルのデータを使った生産性分析が明らかにしたことは、第一章でも述べたように、企業レベルでの生産性格差がかなり大きいこと、そしてその格差は時間が経っても解消されず持続的であるということである。日本も同様の傾向を示しているが、日本での研究は単に企業レベルの生産性格差が持続しているというのではなく、大企業と中小企業の生産性格差が長い期間存在しているということを示している。

†企業レベルの生産性の測り方

企業レベルの生産性の特徴に入る前に、企業レベルの生産性はどのように計測するのかということを述べておこう。ビジネス面からのガイドブックであれば、会議の時間を短くして、労働時間効率を上げることが生産性向上に役立つとか、意思決定プロセスを短縮することが生産性向上につながるといったようなことが解説されている。もちろんそうした提言も有用だろう。しかし、こうした解説書では最終的な成果である企業レベルの生産性が、どのようにして計測されるかということについて言及されていないように見える。

マクロレベルでも、産業レベルでも、企業レベルでも、生産性の概念は変わらない。第一章で述べたように、生産性とは、産出物または付加価値に対する生産要素投入量に対する比率である。

研究者が通常企業レベルの生産性を計測する際には、企業が公開している決算報告書を利用する。決算報告書には損益計算書と貸借対照表があるが、産出物は通常損益計算書における売上高を、価格で実質化した値を利用する。企業の決算報告書には企業が販売している価格は記載されていないので、通常はその企業の主要製品が含まれる産業の物価指数で実質化している。例えばトヨタであれば、その売上高を自動車産業の物価指数で実質化するのである。トヨタの労働生産性は、この実質売上高を従業員数で割った値になる。

付加価値を労働者数で割った労働生産性を用いる場合は、まず企業レベルの付加価値額を定義する必要がある。付加価値というのは、生産活動を通じた労働と資本に対する報酬の合計なので、これを企業会計の項目にあてはめると、労働に対する報酬が人件費と労務費の合計、資本に対する報酬は営業利益額＋減価償却費ということになる。減価償却費は実際に支出された費用ではないため、資本に対する報酬に含める。

全要素生産性の場合も基本的な概念は、マクロレベル・産業レベルと同じである。第一章で書いた式をもう一度書くと、式4（再掲）のようになる。

生産量（産出量）、付加価値量、労働投入量についてはすでに説明したので、資本投入量や中間投入量をどう測るのかが問題になる。資本は貸借対照表の有形固定資産のうち土

TＦＰ変化率＝生産量変化率－労働分配率×労働投入量の変化率－資本分配率×資本投入量の変化率－中間投入量分配率×中間投入量の変化率

TＦＰ変化率＝付加価値量の変化率－労働分配率×労働投入量の変化率－資本分配率×資本投入量の変化率

式４（再掲）　TＦＰ変化率

地を除いた金額を使っている。ただ貸借対照表に記載されている資本額は、購入された時期がばらばらであり、必ずしも全要素変化率を計測する時点の価格で評価されているわけではない。厳密な研究者は、こうした資本の価格の違いを調整する計算をしている。中間投入額は、原材料費と一般管理費・販売費から人件費を控除した値の合計である。

もちろん、企業内部の人は、こうした指標では満足できないだろう。企業の中では部門別の損益や部門別の従業員数が把握できるので、部門別の労働生産性を計算することもできる。さらに労働時間も把握できるので、時間単位での労働生産性の把握も可能だろう。

二〇一八年から始まる働き方改革の中心は、実質的な労働時間の短縮だが、労働生産性が一定であれば生産量は減少させることになる。労働時間が減少した場合に残業代は少し減るだろうが、固定費的な人件費が大きく減るわけではない。そうした状況で生

集計された生産性の変動
＝各企業自身の生産性の変化＋各企業の売り上げシェアの変化による効果＋生産性上昇とシェアの変化の混合効果＋新しい企業が参入することによる効果＋古い企業が閉業して市場から退出する効果

式8　生産性の変動

産量が減り売上高が減少すれば、企業業績の低下は必至である。したがって、働き方改革に対応しながら企業業績を維持するのは、まさに投入量が減る中で産出量を維持するということなので、労働生産性の向上なくしては達成できない。

†日本で新陳代謝機能は働いているか

産業レベルの生産性を見た際にも説明したように、生産性の低い産業は規模を縮小し、生産資源を規模の高い産業へと移していくことが、経済全体で生産性を向上させていくことにつながる。このことは企業レベルでも同じで、市場への参入と市場からの退出が活発化することで、産業全体、経済全体の生産性を向上させることができる。

しかしながら、日本の場合はこの企業の新陳代謝がスムーズに進んでこなかった。一橋大学の深尾教授は、企業レベルや事業所レベルのデータを利用して、集計された生産性（つまり経済全体またはある産業レベル）の変動を上のように分解した（深尾、二〇一二、第三章）。

式8の右辺の第一項に関しては、各企業の生産性が上昇すれば経済全体の生産性が上昇するため、特に説明を要しないだろう。

第二項は、生産性が伸びている企業の売り上げシェアが拡大すれば、経済全体の生産性は上昇するが、生産性の低い企業の売り上げシェアが増えていれば経済全体の生産性は停滞する。

第三項は第一項と第二項の合成効果である。

第四項は、新規企業が市場参入することによる効果を表している。新規企業は、総じて既存企業よりも生産性が高く収益を上げることが可能なために新たに参入するのだから、この項は経済全体の生産性向上にプラスに働くはずである。

そして最後の第五項は、企業が市場から退出することで、全体の生産性変動に与える影響を表している。通常、市場から退出する企業は参入する企業とは逆で、他企業よりも生産性が低いとされる。そのため、生産性の低い企業の退出もまた経済全体の生産性上昇にとってはプラスとなる。

深尾教授は、様々な日本の企業レベルデータを利用して、生産性変動の要因分解を行っているが、そこからは二つの特徴が見えてくる。一つは、日本の生産性変動の大部分は、各企業の生産性向上が寄与している部分（第一項の効果）が大きく、新規産業の寄与分は、国際的な比較で見ても非常に小さいということである。既存企業の生産性向上の要因と新規参入企業の課題については、後程詳しく述べる。

もう一つは、企業の退出効果がマイナスに働いていることである。これは生産性の高い企業ほど退出しており、経済全体の生産性を引き下げる効果をもたらしていることを意味する。この現象は、米国、カナダ、韓国などの分析では見られない現象であり、日本特有の現象と考えられる。

†生産性の高い企業の海外移転

深尾教授は、マイナスの退出効果について、製造業で生産性の高い国内拠点を海外に移転する動きが続いたことが影響していると考えている。確かに国際経済学の枠組みで考えればこの現象は不思議なことではない。第二章の最初に紹介したデヴィッド・リカードの比較生産費説によれば、国内で生産すべき製品は、必ずしも国内的に生産性の高いものである必要はない。国内で生産を行い外国に輸出する財は、外国との比較で相対的に生産性が高い財である。たとえ国内で生産性が高くとも、同じ財を海外で生産する方がより生産性が高ければ、国内の生産拠点を海外に移転することは合理的であると言える。

実際日本の電機産業は、国内の産業で見れば高生産性であったが、二一世紀に入って、海外でより高い生産性で生産可能な企業が続々と現れた。このため、電機産業は高い生産性の国内拠点であっても、それを海外に移転せざるを得なかったのだろう。

一方輸出入ができない非貿易財にはこのようなメカニズムが働かない。サービス産業や規制産業には、こうした非貿易財が多く、概して生産性が低い。このため近年の日本では、高い生産性の貿易財産業の生産拠点が国内を捨て、低い生産性の非貿易財産業が国内に残るという逆説的な現象が生じたのだろうと考えられる。

†低い日本の起業家精神

国内市場からの退出は、海外への事業拠点の移転だけではない。自営業者が高齢化するとともに、事業継承者が見つからないこともあって、近年の日本における廃業率は高止まりしている。その一方で開業率は、かつては廃業率を上回っていたが、二一世紀に入って廃業率とほぼ同じくらいの低い割合に留まっている。五%にも満たない日本の開業率は、

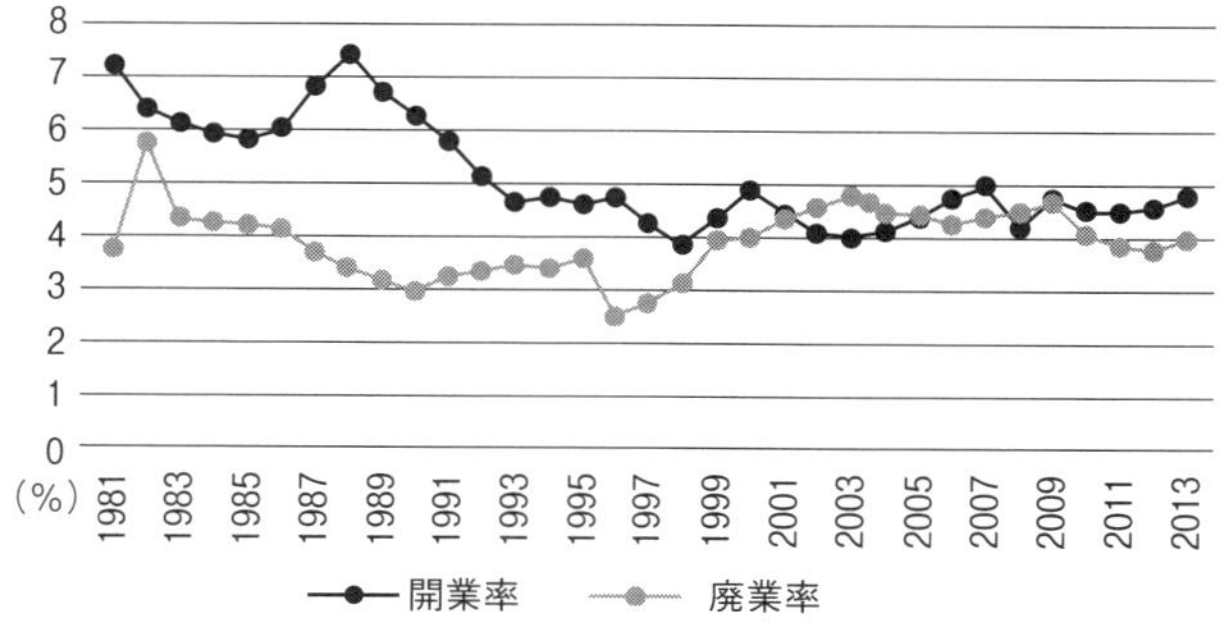

図４－１　日本の開業率と廃業率
出所　厚生労働省「雇用保険事業年報」

世界的に見ても低く、今世紀に入ってからの日本経済は新陳代謝の低い経済だと言える（図４－１）。

米国バブソン大学と英国ロンドン大学ビジネススクールは、Global Entrepreneurship Monitor という組織を設立し、毎年 Adult Population Survey という調査を行っている。その中で、起業を始めている個人や企業内で新規事業の立ち上げに関わっている人の割合である TEA（Total Early-stage Entrepreneurship Activity）Rate という指標が公表されている。調査は七〇カ国に及んでいるが、図４－２ではそのうちＯＥＣＤ諸国に関して国際比較を行っている。これを見ると、日本で起業に携わる人の割合は、先進国中最低であることがわかる。ここまで日本の起業家精神が低い理由は十分解明されたとは言い難いが、起業をしても十分な需要が見込めないことや、

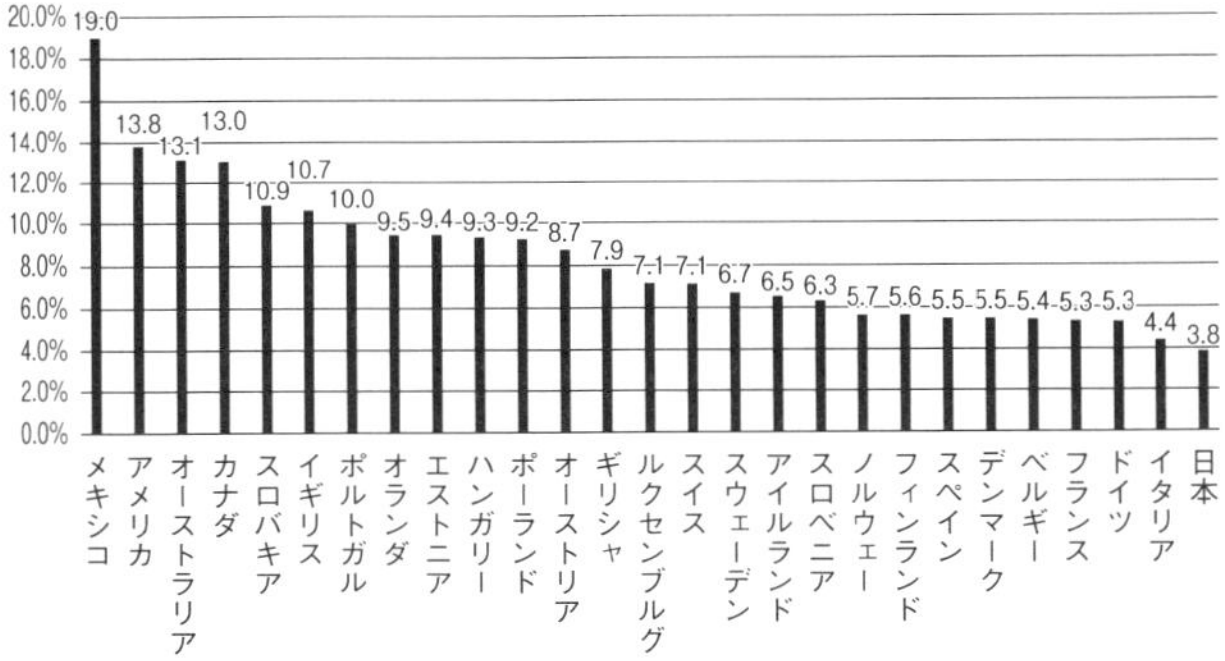

図4－2　起業活動指数（TEA: Total Early-stage Entrepreneurship Activity Rate）の国際比較

起業のために必要な知識、能力、経験を有している人が少なく、またそれを教育する施設も不足しているという環境が、こうした低開業率、低起業率の原因ではないかと言われている。

†複数の財を生産する企業

それでは、日本の生産性変動の最も大きな要因である、既存企業の生産性はどのような要因で変動しているのだろうか。ここで注意しなくてはならないのは、多くの企業が必ずしも一つの財やサービスを提供しているわけではないということである。例えば、パナソニック（株）は、洗濯機や冷蔵庫といった電気製品を製造・販売しているだけでなく、最近は浴槽やトイレなども商品として扱っている。

東洋大学の川上准教授と筆者は、「工業統計調査」を使って、製造業に属する企業のどれくらいが単一製品しか生産していないのかを調べた（川上・宮川、二〇一三）。それによると、日本の製造業で一つの財しか生産していない企業の割合は六〇％（二〇〇五年）である。つまり、約四割の企業は複数の財を生産しているのである。実は米国でもダートマス大学タックビジネススクールのアンドリュー・バーナード教授、プリンストン大学のステファン・レディング教授、エール経営大学院のピーター・ショット教授らが同様の推計を行っており、それによれば、米国での単一財企業の割合は五九％（一九七二年～九七年平均）である（Bernard, Redding and Schott, 2009）。ただこれを出荷額の割合で見ると、複数財企業の出荷割合は七八％にも上る（米国は九一％）。

†既存企業の新製品開発

複数の財を生産しているということは、長い期間をとるとその製品構成に変化が生じることも起こりうる。先ほどのパナソニック（株）の例で言えば、ちょうど一世紀前の創業時は家庭用配線器具を主に生産する企業であった。それが多種類の家庭電気製品を生産する企業となり、先ほど見たように家庭電気製品以外の生活用品（浴槽、キッチンなど）も手掛ける会社へと成長している。一方この間需要がなくなった白黒TVなどは生産を停止している。こうした製品構成の変化は、年月を経た日本企業にはよく見られることである。例えば当初化学繊維の生産を主としていた企業の多くは、現在では化学製品の生産が増え、化学産業に属する企業へと変化している。富士フィルム（株）のようなフィルム生産が主だった企業も、デジタルカメラを生産するようになり、さらには化粧品まで手掛けている。

こうした企業における財の新規追加や生産停止は、企業レベルで見ると、その企業の生産や生産性の変化でしか捉えることができないが、財レベルで見れば、財の新規参入と古い財の退出として捉えることができる。つまり、企業レベルでの新陳代謝は進んでいないかもしれないが、財レベルでの新陳代謝が進行している可能性は残っているのである。日本の場合、この製品転換を行っている企業の割合は全体の三分の一に上り、出荷額の割合で見ると四六％となる。ただ、調査時期は異なる（日本は一九九〇年代後半〜二〇〇〇年代初頭、米国は一九七二〜九七年）が、米国はよりダイナミックで、製品転換を行っている企業の割合は五二％で、出荷額割合は全体の三分の二を占めている。

川上氏と筆者は、この財の追加と削減を考慮して、あらためて製造業の出荷と労働生産性の変動要因を調べた。そうすると、確かに企業レベルで見た退出の出荷額に与える影響は、二〇〇〇年代に入って新規参入企業を上回っている。また一九九八年から二〇〇三年までは既存企業の現存する製品の出荷額もマイナスとなっている。これに対して既存企業の新規財の出荷額は、削減された財の出荷額を上回っており、その結果ネットで見た製品転換効果はプラスとなって、製造業全体の出荷額の減少効果を抑制している。

一方労働生産性への寄与に関しては、存続企業の効果のほとんどが、既存の財の生産性変動ではなく、新規財の導入と古い財の削減による労働生産性上昇効果によるものであることがわかった。特に興味深いのが、企業レベルや事業所レベルでは高生産性の企業や事業所が退出しており、経済全体の生産性の変動にマイナスの影響を与えているが、企業内の財の削減効果は、労働生産性を向上させる効果をもたらしており、既存企業の中では生産性の低い財を選択して削減しているという点である。

†新製品開発・多角化と経営組織

日本では、企業レベルでの新陳代謝は活発ではないが、企業内の製品構成の変化を通した新陳代謝を通じた生産性向上はそれなりに行われていることがわかった。ただそれでもこうした新陳代謝は米国ほどダイナミックではないのも確かである。新陳代謝は、生産性が向上するような資源配分のプロセスの一つとして捉えられるが、一般的には市場を通した新陳代謝よりも、企業内での新陳代謝の方が難しいとされている。その理由は、市場を通した新陳代謝は財・サービスの価格や生産要素価格の動きがシグナルとなって、効率的な資源配分を達成することができるが、企業内にはこうした資源配分のシグナルとなる価格メカニズムが働かないからである。

そこで、企業内の資源配分が効率的に行えるかどうかは、経営者の能力に依存することになる。一九九五年にノーベル経済学賞を受賞したシカゴ大学のロバート・ルーカス教授は、この経営者能力のことを'span of control'と呼んだ(Lucas, 1978)。これは、経営者が企業組織をコントロールできる範囲、という意味で、この能力が優れているほど経営者は大規模な企業組織を運営できることになる。したがって、彼の議論によれば、新たな製品を開発して複数財の生産を行える企業や多角化によって規模を大きくすることのできる企業は、それだけ優れた能力の経営者に率いられた企業ということになる。

†経営組織の実証分析

ルーカス教授の問題提起は、一九九〇年代後半のＩＴ革命以降より重要な問題として意

国名	全体スコア	モニタリング・スコア	ターゲット・スコア	インセンティヴ・スコア	サンプル数
米国	3.33	3.44	3.23	3.30	695
ドイツ	3.18	3.40	3.24	2.95	336
スウェーデン	3.18	3.54	3.22	2.86	270
日本	3.15	3.20	3.25	2.90	188
カナダ	3.13	3.35	3.02	3.02	344
フランス	3.00	3.28	2.98	2.78	312
オーストラリア	2.99	3.27	2.96	2.76	382
イタリア	2.99	2.98	2.80	2.73	194
英国	2.98	3.16	2.93	2.88	762
北アイルランド	2.91	3.01	2.84	2.86	92
ポーランド	2.88	2.88	2.93	2.85	231
アイルランド	2.84	2.95	2.76	2.81	102
ポルトガル	2.70	3.07	2.72	2.61	140
ブラジル	2.69	2.81	2.68	2.60	559
ギリシャ	2.65	2.90	2.56	2.50	171
インド	2.65	2.62	2.66	2.67	620
中国	2.64	2.72	2.53	2.66	524

表4－1　経営スコアの国際比較
出所　Bloom and Van Reenen (2010)

識されることになる。情報技術が発達したことによって、企業組織や意思決定システムを効率化し、生産性を向上させる余地が出てきたからだ。第三章では企業が、より効率的な組織へと変化するための支出を無形資産投資として捉えた。

スタンフォード大学のブルーム教授とMITのヴァン・リーネン教授は、英、米、独、仏四カ国の七〇〇以上の製造業の事業所について、組織管理方法と人的資源管理方法について企業パフォーマンスとの関係を調べた(Bloom and Van Reenen, 2007)。彼らは、組織目標(target)、パフォーマンスのチェック（monitoring）、雇用者への動機づけ（incentive）の三つに関して一八の質問を作成し、電話調査によるインタビュー調査による回答から、経営スコアを算出した。この経営スコアを利用した実証分析により、彼らは、経営スコアの高い企業が生産性の高い企業であることを実証している。

彼らはこの調査の範囲をさらに多くの事業所に拡大した。表4－1は、彼らの二〇一〇年の論文（Bloom and Van Reenen, 2010）に掲載された先進国の経営スコアである。これによれば、日本の経営スコアは、米国、ドイツ、スウェーデンに次いで四位となっている。表4－1を見ると米国とドイツ、スウェーデン、日本の上位スコアの国との差が、組織目標やパフォーマンスのチェックの仕方にあるのではなく、従業員への動機づけの差にあることがわかる。

また彼らの研究では、どの国でも外資系企業の経営スコアの方が、国内企業の経営スコアを上回っている。したがって、経営スコアと生産性に正の相関性があるとすれば、対日直接投資の促進に伴う外資系企業の誘致政策は、生産性向上策と整合的であると言える。

実証的経営分析と名付けた彼らのアプローチは、伝統的な経営学の手法とは異なっているが、彼らは自分達のアプローチが、伝統的な経営学の手法と補完的な関係にあると論じている。

†日韓の経営管理に関するインタビュー調査

我々は、ブルーム教授やヴァン・リーネン教授にならって、日本と韓国について、彼らが実施したような企業へのインタビュー調査（正式名は、「無形資産に関するインタビュー調査」）を実施した。調査は二〇〇八年と二〇一一～二〇一二年の二回にわたって、（一社）日本経済研究センターや（独）経済産業研究所の助力を得て行われた。

調査方法は、調査員を企業に派遣して調査項目にしたがってインタビューを行う、インタビュー調査方式をとった。調査項目は、基本的にはBloom and Van Reenen, 2007にしたがって、組織管理と人的資源管理に関する質問を二回とも行っている。ここで組織管理というのは、彼らの調査でtargetとmonitoringに相当するもので、人的資源管理はincentiveに対応している。ただし、後に示した分析結果からもわかるように、組織改革の有無や終身雇用制の採用など、Bloom and Van Reenen, 2007には含まれていないが、日韓の企業を考える上では重要と思われる質問を追加している（各調査の質問項目に関しては、宮川・浅羽・細野、二〇一六、第一章を参照）。

回答企業は、各調査において三五〇から六〇〇の間である。産業分布を見ると、韓国では二回の調査とも製造業の比率が八〇％前後と製造業の比率が大きいが、日本では一回目は業種を電気機械、情報通信機械、情報サービス産業などＩＴ関連産業に限定したこともあり、サービス業の比率が過半を占めている。規模分布を見ると、二回目の調査が上場企業を中心に調査したこともあり、中小企業の比率が少なく、規模の大きな企業の比率が増えている。全体的には、日本の回答企業の規模が韓国の回答企業の規模を上回っている。

インタビュー調査の各質問は三つの副質問に分かれていて、質問の段階を経ていくごとに高いスコアがつくようになっている。最初の質問をクリアしなかった場合のスコアが一になるので、すべての質問をクリアした場合のスコアは四になる。したがって各質問について一から四までの間のスコアが付くことになる。

経営管理を組織管理と人的資源管理に分けた場合、組織管理のスコアが高いということは、組織目標が適切な水準に設定され、下部組織にまで浸透し、かつ達成の確認とその結果の活用が徹底されていることを示している。一方人的資源管理のスコアが高いということは、パフォーマンスに応じた人材の活用がなされ、かつ人材育成に熱心であることを示している（Bloom and Van Reenen の調査における経営スコアの付け方は、一、三、五と三段階

		第1回調査				第2回調査			
		日本		韓国		日本		韓国	
		企業数	平均値	企業数	平均値	企業数	平均値	企業数	平均値
全質問平均	全サンプル	573	2.609	350	2.211	402	2.568	505	2.518
	製造業	194	2.606	297	2.171	272	2.552	399	2.515
	サービス業	379	2.610	53	2.433	130	2.603	106	2.530
	大企業	304	2.697	93	2.469	231	2.642	231	2.698
	中小企業	239	2.517	249	2.126	171	2.469	274	2.367
組織管理	全サンプル	573	2.749	350	2.339	402	2.694	505	2.649
	製造業	194	2.782	297	2.305	272	2.668	399	2.657
	サービス業	379	2.732	53	2.528	130	2.750	106	2.618
	大企業	304	2.837	93	2.507	231	2.755	231	2.755
	中小企業	239	2.664	249	2.287	171	2.612	274	2.560
人的資源管理	全サンプル	573	2.504	350	2.115	402	2.474	505	2.420
	製造業	194	2.475	297	2.071	272	2.465	399	2.409
	サービス業	379	2.518	53	2.361	130	2.492	106	2.463
	大企業	304	2.592	93	2.440	231	2.557	231	2.655
	中小企業	239	2.407	249	2.005	171	2.361	274	2.223

表4－2　調査結果に基づく経営スコアの概要
出所　宮川他（2016）

になっているので、我々が行った調査とは少しスコアの付け方が異なる）。

†インタビュー調査の結果

前節で説明したような方法で算出した経営スコア（全項目、組織管理項目、人的資源管理項目の平均値）は、表4－2にまとめられている。これを見ると、日本の経営スコアは、二度の調査とも韓国の経営スコアを上回っているが、その差は大きく縮小している。特に二回目の調査において、韓国大企業の経営スコアは、日本の大企業の経営スコアを上回っている。この結果は我々の経験とも符合し、かつ二〇〇〇年代に入ってからの日韓の生産性格差が縮小しているとしたFukao et al. 2008の結果とも整合的である。また日韓とも組織管理の経営スコアは人的資源管理の経営スコアを上回っている。ブルーム教授らが計測した米国以外の国の経営スコアも、同様の傾向を示している。この点に関して彼らは、これらの国が労働市場規制により、柔軟な人的資源管理が取りにくいのではないかと述べている。

筆者たちは、ブルーム教授らの研究と同じく、この経営スコアと生産性との関係を調べている。その結果、日韓とも全体的な経営スコアが高くなれば、生産性も向上していることを示している。加えて、全体的な経営スコアを組織管理スコアと人的資源管理スコアに分けた場合、日本企業では高い組織管理スコアと生産性向上は正の関連性があり、韓国企業では人的資源管理スコアと生産性向上が正の相関を有していることがわかった。

†日韓企業の特徴

第二回のインタビュー調査では、経営スコアに使った質問項目以外に日韓企業の経営環境の差を調べる質問を行っている。この質問に対する回答をまとめたものが、4-3の三つの表である。

まず主力製品が国内市場でどれくらいの割合を占めているかを問うた質問の回答では、

	日本	韓国
75％以上	67.3	43.6
50％以上75％未満	16.9	18.2
25％以上50％未満	9.8	18.8
25％未満	6.1	19.4

表４－３－１　国内市場のウェイト（％）

	日本	韓国
１社	1.5	2.2
２社以上５社以下	41.3	52.9
６社以上９社以下	20.3	19.8
10社以上	37.0	25.1

表４－３－２　競争環境（主要競合社数）（％）

	日本	韓国
１カ月未満	5.8	25.6
１カ月以上３カ月未満	16.1	40.1
３カ月以上６カ月未満	4.6	17.6
６カ月以上１年未満	63.2	10.4
１年以上	10.3	6.3

表４－３－３　組織目標の運用及び見直しに要する時間（％）

出所　宮川他（2016年）

八〇％以上の日本企業が、国内市場に占める割合が五〇％を超えると答えているのに対し、韓国では主力製品またはサービスの海外市場割合が七五％以上（国内市場のウェイトが二五％未満）と答えた企業の割合が二〇％近くに達している。この結果は、通常言われている日本企業の国内志向、韓国企業の海外志向を裏付けるものとなっている。

　また主要な競合者数を問うた質問では、五社以下と答えた企業が、日本では四〇％に対し、韓国では五〇％を超えており、日本の市場の方が韓国よりもより競争的であることがわかる。この点も従来の日本と韓国の競争環境に対する見方と整合的である。

次に組織目標達成後の目標見直しに要する時間を比較すると、比較的短い期間である三カ月未満の企業割合で見ると、韓国企業の方が日本企業よりも圧倒的に多い。新規事業開始や既存事業撤退などの組織決定における根回しの時間の割合は、韓国企業の方が全体的に多いが、表4－3－3の平均的な時間をかけて絶対的な時間を算出すると、結果的に根回しにかける時間は韓国企業の方が短い。

一方、新規事業の検討から開始までの時間及び既存企業の検討から撤退までの時間は、日本企業の方が短い（ただし、日本企業の場合、問題の所在が明確になっているにもかかわらず、検討に着手するまでの期間が長い可能性もある）。組織情報の浸透度に関しては、会社全体の情報を担当者が把握している割合は、韓国企業の方が日本企業よりも多く、事業担当者が占める情報の中で、インフォーマルルートが占める割合も韓国企業の方が大きい。このことは、韓国企業の方が、日本企業よりも企業内の情報の浸透度が高いことを示唆している。

†IT化に対応した経営はなされているか

ＩＴ革命の成果を活かすためには、それに対応した経営革新や経営管理が必要であるということは、ＩＴ革命が起きた時点から強調されてきた。ここでは、先に挙げたインタビュー調査と国際ＩＴ財団が二〇一四年から一五年にかけて実施した「ＩＴ活用に関する調査」をもとにＩＴ化と経営管理の問題を考えてみよう。

インタビュー調査の結果を利用したＩＴの活用と経営スコアの関係は、図４-３に示されている。ＩＴ化については、組織改編とともに実施されていないか（スコア１）、実施されているか（スコア２）、社内的にＩＴの利活用を進めているか（スコア３）、社内だけでなく、社外との取引

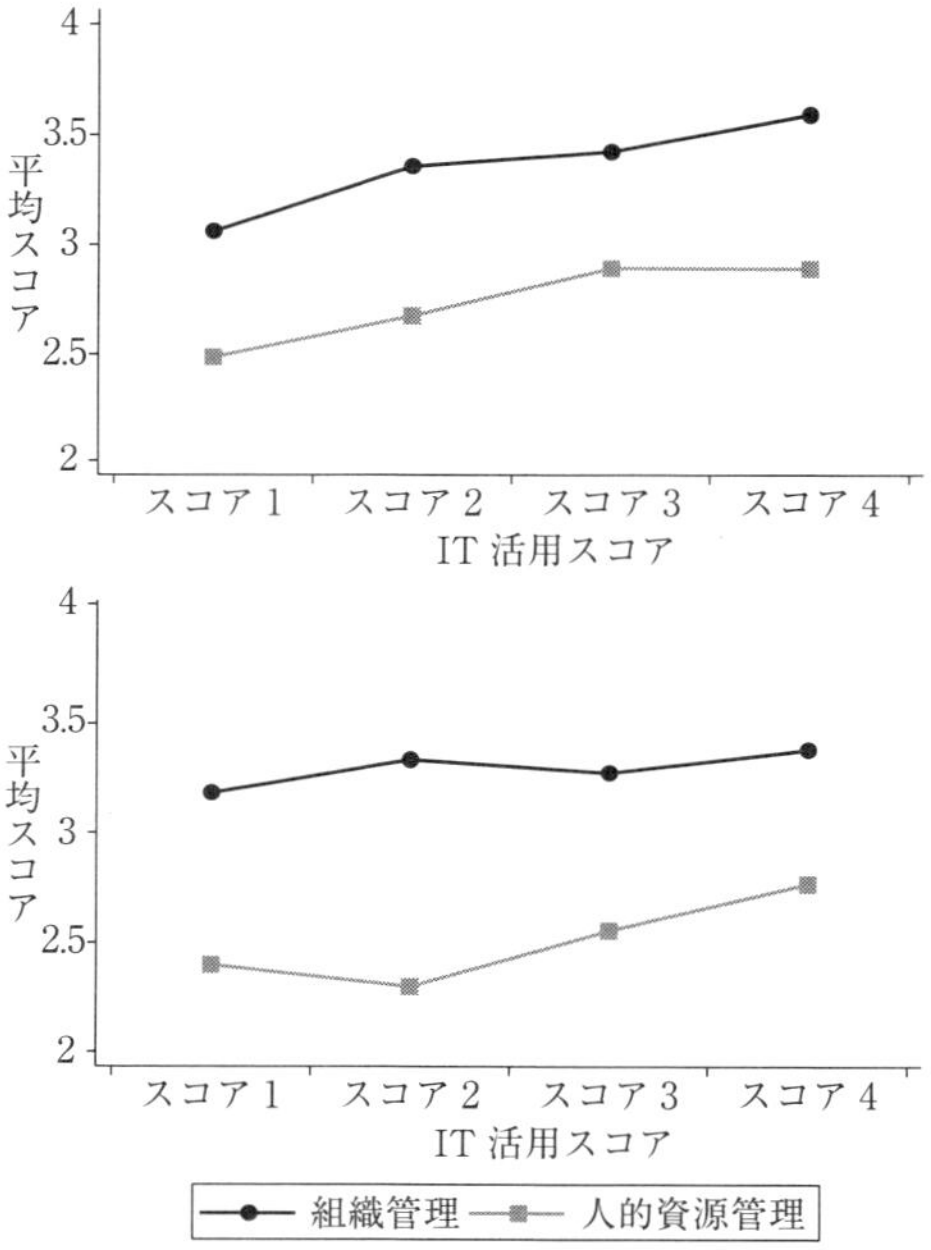

図４-３　IT 活用と経営スコア（上：第１回調査、下：第２回調査）

ITの利活用の目的	回答社数	CIOやIT担当役員を設置している会社の割合（%）
経営トップの意思決定の正確性や迅速性の向上	322	59.3
組織構造の改善または改革	151	62.3
経営計画の立案と実行能力の向上	188	65.4
海外企業との関係の強化	50	72
海外子会社・現地法人・海外支店の開設	34	67.6
新市場の売り上げの向上	88	64.8
既存市場の売り上げの向上	180	64.4
投資収益率（ROI）の向上	68	73.5
新規顧客の開拓	169	63.9
新しいビジネスを創り出す能力の向上	85	69.4
在庫の圧縮	194	56.7
人員の削減	225	54.7
業務プロセスや作業効率の改善	512	59.4
商品企画力や顧客への提案力の向上	127	67.7
一人当たりの作業能率の向上	388	58.5
従業員の意欲や満足度の向上	113	69
社内の情報活用や情報交流の活発化	386	60.4
全回答社数	600	56.5

表4－4　ITの利活用に関する目的
出所　国際IT財団「IT活用に関する企業研究報告」

においてもITを活用しているか（スコア4）を問うている。図4－3は、組織管理スコア、人的資源管理スコアといった経営スコアの高い企業ほど、おおむねITの利活用が進んでいることを示唆している（Bloom, Sadun and Van Reenen, 2012は、米国の多国籍企業の活用が、米国以外の多国籍企業よりも生産性を向上させている要因であると述べている）。

一方国際ＩＴ財団による調査は、ＩＴの利活用に関してより具体的な業務目標を尋ねている。二〇項目ある選択肢の中で、最も多かった回答は「業務プロセスや作業効率の改善」である（表４－４）。業務効率化による生産性向上にＩＴを活用する、これはＩＴ化が始まって以来この種の調査における日本企業の定番とも言える回答である。ただこの回答をした企業が情報部門を専門に担当する役員（ＣＩＯ）を置いているかという質問と合わせてみると、興味深い結果が得られる。すなわちＩＴ化の目標を「投資収益率（ＲＯＩ）の向上」、「海外企業との関係強化」、「新しいビジネスを創り出す能力の向上」といった、いわゆる「攻めの経営」に置いていると答えた企業の約七割は、ＣＩＯを設置している。ＣＩＯを設置していると答えた企業は全体の五六％程度なので、情報通信に関して専門の役員を置いている企業は、それを積極的な経営戦略に用いようとしているようである。

†研究開発投資と経営管理

第三章で、最近の研究開発は単に研究費を増加させれば、比例的に研究成果が上がるというものではなくなってきているということを指摘した。いかに研究者の前向きな動機付けを維持しつつ研究成果をあげていくかは重要な問題であり、この問題は経営管理や経営組織の問題と関わっている。

MITのアセモグル教授らは、イノベーションを生み出す組織の形態が、技術フロンティアに近づくキャッチアップ期と、技術フロンティアに到達した後の時期では異なることを指摘し、前者では研究開発部門を垂直統合した組織形態が望ましいが、後者では組織外の研究成果を積極的に活用する方式が望ましいと述べている。また、ロンドン経済大学のアギヨン教授とトゥールーズ大学のジャン・ティロール教授は、研究者の研究インセンティヴを向上させるための、研究者への報酬や研究組織のあり方について理論的なモデルを提示している。

しかしながら、研究開発と経営管理のあり方についてのデータを利用した実証分析は多くない。また数少ない実証分析でも日本と米国ではアプローチが大きく異なることに驚かされる。米国の研究では、アギヨン教授とティロール教授のように、研究者の研究への意欲と評価は、どれだけ研究価値に見合った報酬を受けているかに焦点が当てられる。つまり、研究者は専門職であり、プロのスポーツ選手と同じような報酬・評価体系だと考えられているのだ。

一方、日本の技術経営で、研究者や技術者に対する調査項目を見ると、報酬に関する調査は一切なく、先のインタビュー調査で見た組織目標との関連性や組織内のコミュニケーションが中心となっている（丹羽、二〇一三）。こうした調査から得られる、人材活性化の一つの方策は、技術者の技術に対する考え方に組織目標をいかに取り込むことができるか、ということである。実際、筆者たちの研究グループが、先の経営スコアを使って研究開発支出との関係を調べたところ、経営管理スコアの高い企業ほど研究開発支出が旺盛であるという結果を得ている（枝村・宮川・Kim・Jung、二〇一六）。

しかし、少人数で特定の技術や新製品の開発を目標とするベンチャー企業ならともかく、技術進歩の異なる様々な製品や技術を有する大企業において、組織目標と個々の研究者の目標を整合的に保つことは可能だろうか。アセモグル教授が指摘するように、先進国追随型社会でなくなった日本において、さらに独自技術を開発していくためには、それにふさわしい報酬制度やアウトソーシングのあり方が考えられてもよい時期に来ていると考えるべきであろう。

✝資本収益と生産性

企業経営者にとっては、生産性の向上が最終目標ではない。生産性を上げてもそれが企

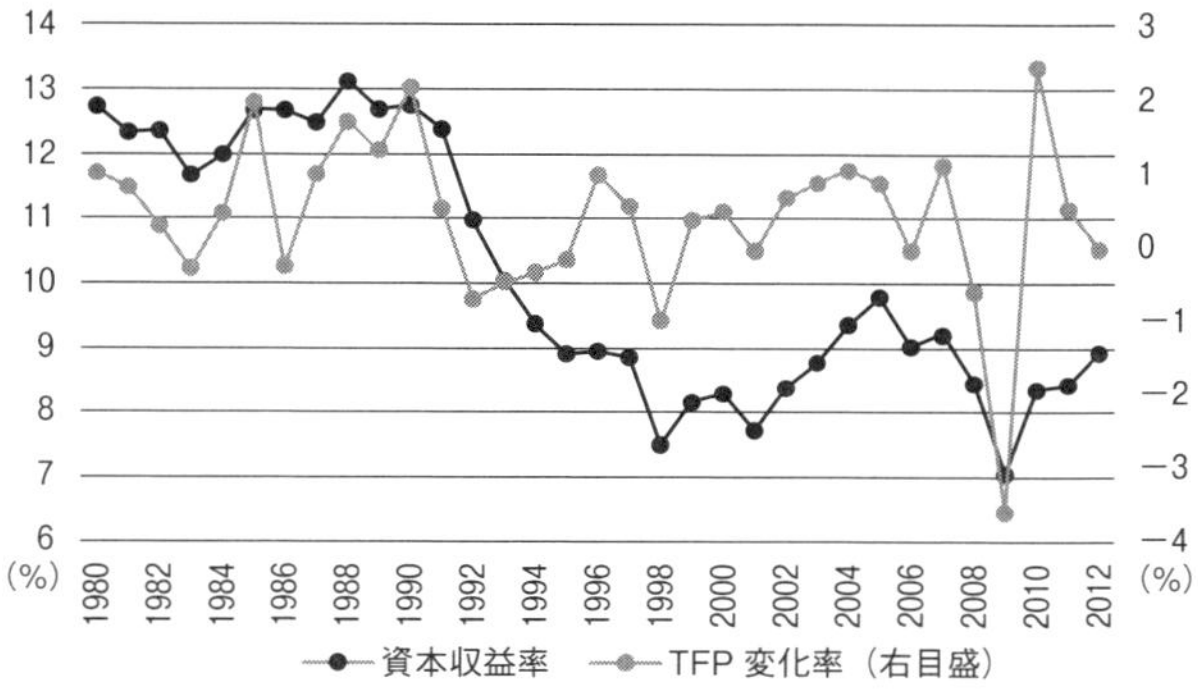

図4－4　資本収益率と生産性
出所　JIP データベース2015

業収益や企業価値の上昇につながらなければ意味がない。図4－4は、平均的な資本収益率とTFP変化率を図示したものである。これを見ると両者ともバブル崩壊後に大きく低下していることがわかる。また二〇〇八年に起きた世界金融危機の際にも両者は大きく低下している。

一見すると平均資本収益率の水準は高いと思われるかもしれない。しかしこの収益率は、過去に蓄積した資本の収益性を示している。実は新たに投資した資本の収益性は、図4－4で示した平均的な資本の収益性よりも大きく低下しており、二〇一〇年代に入るとマイナスになることもある。資本収益率がマイナスということは、どれだけ投資をしても赤字しか見込めないという状況である。企業が投資をする際には投資資金の利子率以上の

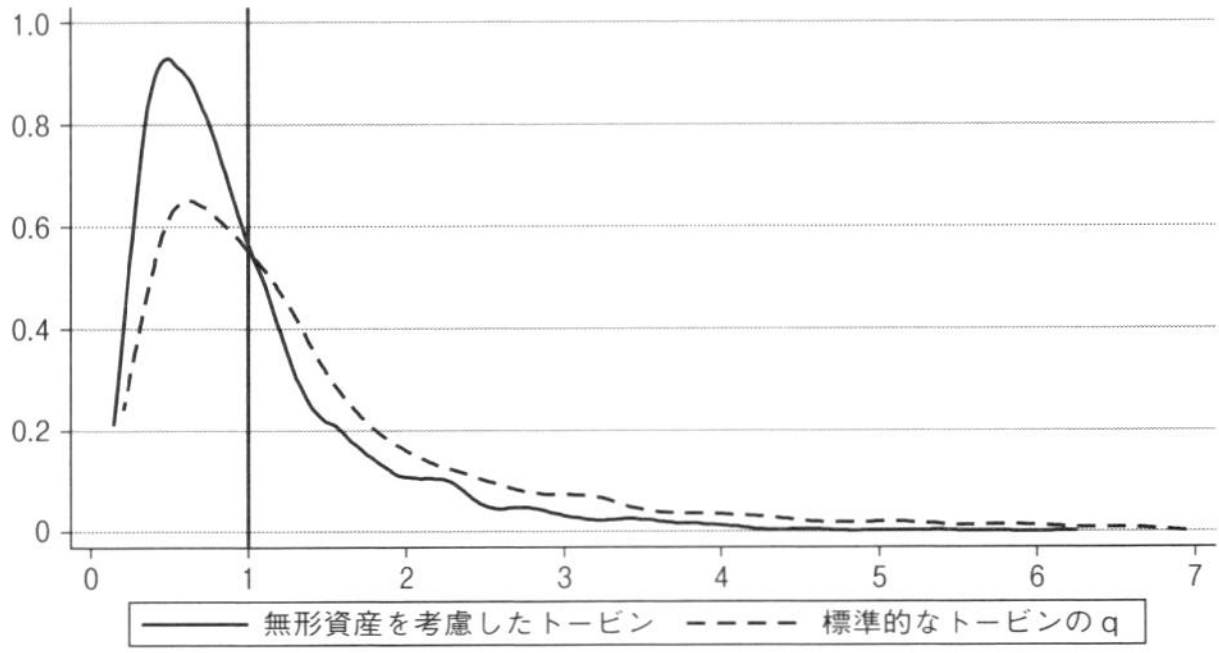

図4－5　トービンのqの分布
出所　Miyagawa, Takizawa, and Edamura (2015)

収益を見込んで実施する。その投資に容易に黒字が見込めないということが、日本銀行がマイナス金利を実施する一つの背景と言えよう。しかし、いま見たように、資本の低収益率の要因は生産性の低下にあり、金融緩和政策だけではこの問題が改善されないことは明らかである。

†生産性は企業価値を向上させるか

企業の価値をその企業の株価で代表させるとすれば、株価は現在から将来にわたる資本収益に影響されるので、結果的に生産性は、企業収益を通して株価や企業価値に影響を与えることになる。東洋大学の滝澤美帆教授、立正大学の外木《とのぎ》好美《このみ》専任講師と筆者は、前節で紹介した無形資産投資が生産性の向上を通して企業収益を改善させるということを検証している（Miyagawa, Takizawa and Tonogi, 2017）。

我々の議論をさらに進めると、無形資産は企業収益の改善に寄与するだけでなく、企業価値の増加にも貢献する可能性がある。実際、無形資産投資が株価の上昇に寄与しているのではないかという議論は、ＩＴ革命以降の米国の株価上昇を説明する一つの解釈となっている。

株価を株式発行枚数で掛けた値を企業価値とし、これを企業が保有する資産の現在の価値で割ったものをトービンのｑと呼んでいる。トービンのｑが１より高いということは、企業が保有する資産以上に企業価値を高める要素があるということを意味している。スタンフォード大学のロバート・ホール教授は、ＩＴ革命株式市場が活性化しているのは、建物や機械などの「見える資産」以上に株式市場が、ＩＴ革命に伴う「見えざる」資産を評価しているからだと述べた（ホール教授は、この「見えざる資産」の部分を e-capital と呼んでいる〔Hall, 2001〕）。

東洋大学の滝澤教授、日本生産性本部の枝村一磨研究員と筆者のチームは、日本の上場企業のデータを使って、実際に「見えざる資産」の部分を株式市場が評価しているのかどうかを検証した。彼らは実際に企業レベルでの無形資産を計測し、企業の保有資産にその

	全企業		IT関連企業	
	標準的なトービンのq	無形資産を含むトービンのq	標準的なトービンのq	無形資産を含むトービンのq
平均値	1.40	0.99	1.71	1.13
中央値	1.06	0.77	1.26	0.88

表4－5　無形資産と企業価値

出所　Miyagawa, Takizawa, and Edamura (2015)

無形資産を加えてトービンのqがどのようになるかを調べた。無形資産を加える前にトービンのqが1を超えていて、無形資産を加えた後にトービンのqが1に近づくとすれば、株式市場は無形資産を考慮して株式を評価していることになる（Miyagawa, Takizawa and Edamura, 2015)。

表4－5は、無形資産を加える前の標準的なトービンのqと無形資産を加えた後のトービンのqを比較したものである。表4－5を見ると、標準的なトービンのqに比べ、無形資産を含むトービンのqは、平均値が1に近づく。これは、財務諸表から直接には計算できないものの、投資家が株式市場を通して無形資産の価値を評価していることを示している。もちろん、無形資産を資産に加えれば、自動的にトービンのqは低下するが、図4－5を見ればわかるように、トービンのqの分布が全体的に左方に移動するのではなく、全体のばらつきが縮小するのである。このことはトービンのqが高い企業ほど、無形資産の量が多いことを示している。実際にIT関連産業に属するトービンのqは、標準的なトービンの

qの値が、全体の平均値よりもかなり高いが、無形資産を含むとトービンのqの値が大きく低下している。

この他にも東洋大学の川上准教授と早稲田大学の浅羽茂教授は、先ほど紹介した企業経営に関するインタビュー調査から推計された経営スコアを使って、経営スコアの高い企業は企業価値も高いかどうかを検証した。すなわち株式市場は、生産性を向上させる企業の経営の質を評価しているかどうかを確かめたのである。彼らの実証結果によると、人的資本管理に関する経営スコアは、株式価値を高めているが、組織管理に関する経営スコアと株式価値に関する関係は不明確なものであった(川上・浅羽、二〇一六)。

†企業レベルの生産性向上をマクロレベルの生産性向上につなげるために

マクロレベルでの生産性向上策の一つは、できるだけ市場機能を活用し、新しく生産性の高い企業の参入を促進し、生産性が低下し、低収益が続く企業の退出を妨げないという考え方だ。しかしながら一橋大学の深尾教授の一連の研究が示したように、日本ではこうした市場機能に任せた新陳代謝機能は有効に機能していない。確かに今世紀に入ってから相当数の大企業が経営危機に瀕したが、そのたびに政府が介入し、再建までに多くの時間を要し、一部のケースでは、産業革新機構などの政府関係機関が経営に関与するという事例も見られた。つまり日本では低生産性、低収益企業の退出機能がうまく働かず、低生産性企業が存続する環境が用意されている。こうした低生産性企業を保護する制度的枠組は、新規に市場参入する起業家にとっては参入障壁となる。

こうした市場による資源配分機能が十分に働かない状況の下で、生産性の向上を図るには、既存企業内部からの生産性向上に頼らざるを得ない。確かに最近では少子化による人手不足が顕在化し、労働投入面から見た生産性向上の動きは続いている。これはＩＴ機器導入の際の利活用方法を見ても明らかだ。

しかし、企業の生産性向上と持続的成長のための新たな事業への資源配分は十分に機能しているだろうか。新製品を導入し収益性の低くなった製品を整理する企業内での新陳代謝機能は、これまで日本企業の活力源だったが、その機能も近年は衰えを見せているようだ。また生産性向上に寄与する無形資産投資も人材育成投資に見られるように、国際的に見て高い水準にあるとは言えない。本章ではこうした企業内組織の資源配分は市場機能が働かないために経営者能力に負うところが大きいと述べた。ただ、経営者もどのような経営判断が、生産性や企業価値の向上につながるのかについて不確実な部分が多いのも確かだ。特に無形資産投資のような「見えざる投資」の重要性が増した今日、企業評価の一端を担う投資家の見方は重要だろう。

二〇一七年一〇月に経済産業省が公表した「伊藤レポート2・0　持続的成長に向けた長期投資（ESG・無形資産投資研究会報告書）」は、この「見えざる資産」の評価をめぐって、経営者と投資家の対話を促した報告書と言える。

二〇一四年八月に公表された一橋大学の伊藤邦雄名誉教授を座長とした経済産業省の「持続的成長への競争力とインセンティヴ――企業と投資家の望ましい関係構築」プロジェクトの報告書、いわゆる最初の「伊藤レポート」は、「見える資産」を使って投資家が期待する収益性指標を経営目標の一つとして掲げたものであった。

これに対して、「伊藤レポート2・0」は、評価がより難しい「見えざる投資」をめぐって経営者と投資家の共通理解を探った報告書である。市場機能に任せた生産性向上が十分に機能しない中、企業内の資源配分から生まれる生産性向上に期待せざるを得ないが、その場合でも市場からのシグナルは必要だろう。企業内の資源配分と市場への発信という観点から、生産性向上における経営者の役割は極めて大きいと言える。

第五章

政府は生産性向上のために何ができるのか

†政府の生産性向上策

第四章までは、マクロレベル、産業レベル、企業レベルにおける生産性の特徴とその要因について述べてきた。それでは、こうした民間部門の生産性向上努力に対して、政府はどのような手を差し伸べればよいのだろうか。

政府が行う生産性向上策の第一は、これまで述べてきた産業レベルや企業レベルの生産性向上要因に対して、税制上の優遇措置を通じて、成長産業や成長企業を支援することである。こうした産業振興政策、ベンチャー企業優遇策、研究開発投資、ＩＴ投資への優遇策は、経済産業省を中心に高度成長期から幾度となく行われてきた。これらのすべてが、効果がないということはできないが、こうした税制上の支援措置は、薄く広くしかも当事者にもよくわからないほど複雑な制度になってしまい、経済全体への効果が見えにくくなっている。

また第三章や第四章で説明した無形資産投資などは、企業会計上把握することが難しいため、減税などの政策的支援を行うことが技術的に困難である。このため、第四章の最後で紹介した「伊藤レポート２・０」のように、企業の生産性向上や価値向上のために、企業家と投資家の共通理解を深める仲介役を果たすということが政府の役割の一つになっているのである。これはかつて小宮（一九七五）が、第10章で、政府の産業政策が実施されるまでのプロセスを政府や産業界・金融界の情報交換のシステムと捉え、このシステムが日本の高度成長に役立ったという考え方に近い。

そこで本章では、伝統的な産業政策以外の生産性向上策について議論していきたい。最初は、高度成長期から続いてきた社会資本整備が生産性向上に与える影響について考察する。社会資本整備は地域活性化策としても重要な役割を果たすとされているが、本章では代替的な地域政策として位置づけられる「経済特区」の役割についても述べたい。

構造改革特区は、各地域における物的な社会資本整備というよりも、規制改革を通して新しい成長産業を呼び込み成長させる政策として位置づけられる。規制改革には様々なタイプがあるが、これが実際に生産性の向上をもたらすのかどうかを国際比較し、一例として対日直接投資に関わる問題点について触れる。加えて政府自身の業務効率化についても述べたい。

規制改革は、生産物や生産要素の市場機能を十分に発揮させることで、経済に活力を取り戻す政策だが、その中で最も重要なのは労働市場である。二〇一八年の国会では労働市場改革法案が成立したが、本稿ではこうした労働市場改革によって期待される効果を論じてみたい。

ただ、生産性向上の主役はあくまで民間である。政府の過剰な介入や複雑な政策は、かえって民間の生産性向上を阻害する可能性がある。本章の最後ではこの点を強調しておきたい。

†社会資本整備と生産性

政府が行う生産性向上策として、古くから知られていたのは、社会資本の整備である。社会資本というのは、道路や上下水道、公園のように不特定多数の人々が利用するために政府が整備する施設である。こうした社会資本の整備は、もともとは生産性向上を目的とするというよりも、ケインズ的な需要創出や雇用創出の手段と位置づけられていた。しかし、交通網や上下水道、電力網などはその場限りの政府支出ではなく、長い期間にわたって民間の生産プロセスに刺激を与えるため、供給サイドにとっても重要なものである。しかも、こうした設備を各生産主体が私的に所有することは重複投資などを引き起こしかえって非効率となるか、先に整備した主体が損をするというフリー・ライダー問題を引き起こす。

このため公共経済学では、こうした外部性がある道路や上下水道サービスについては、IT革命におけるネットワークの整備と同様、政府が主体となって整備すべきだと考えられている。そして政府がこうした社会資本を整備することで、企業はより早く、より安く原材料を調達することができる一方で、生産物をよりスムーズに消費地に届けることができ、生産プロセス全体としてみればより効率性が増進するという意味で生産性が向上するのである。実際、第二章で紹介したノースウエスタン大学のゴードン教授は、この二〇世紀における上下水道や電力網の整備が、衛生環境の改善や様々な電気製品の発明へとつながり、生産性を大きく向上させる要因となったと述べている。

日本の社会資本ストックは、一九六〇年には約四九兆円だったたが、二〇一四年には七八〇兆円と半世紀余りの間に一・六倍に増加している。ただ、社会資本の増加に勢いがあったのは二〇世紀中で、二一世紀に入ってからの伸びは、財政赤字の拡大から公共投資が抑制気味に推移したこともあり鈍化している（図5-1）。

日本では筑波大学の目良《めら》浩一元教授や立正大学の浅子和美教授を始めとして早くから、この社会資本整備が生産性に与える影響について、実証研究が進められてきた。これらの

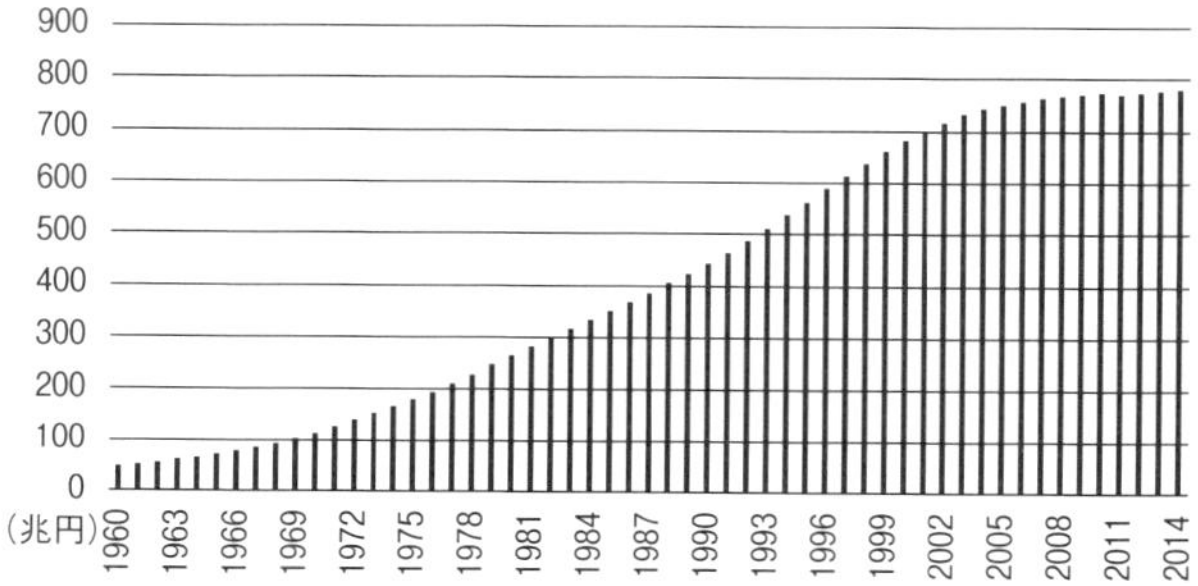

図５－１　日本の社会資本（生産的社会資本）の推移
出所　内閣府

研究は、主に一九六〇年代から八〇年代までのバブル崩壊前における社会資本急増期のデータを使って行われた。このためこれらの研究からは、社会資本整備が生産性の向上に寄与しているとの結果が得られている。

†二一世紀の社会資本

しかしながら二一世紀に入ってから財政赤字の拡大により、社会資本の経済効果に対する関心は薄れてしまった。宮川他（二〇一三）は、二一世紀に入ってからの社会資本データも含めた実証研究を行っているが、その研究では依然として社会資本の生産力効果は存在している。もっともこの結果は、社会資本の伸びが鈍化すると同時に日本経済の生産性も鈍化したためにもたらされたという見方もある。

経済の復興過程では、社会資本整備は経済全体の生産力向上に寄与するが、日本経済が一定の水準に達すると、社会資本整備は地域開発の手段として活用されるようになる。一九七〇年代前半に、当時の田中角栄首相によって主導された「日本列島改造計画」は、その典型である。その後「国土の均衡ある発展」のもとに、社会資本整備は続けられた。しかし二一世紀に入って、こうした地域開発政策は転機を迎える。社会資本整備の裏付けとなった全国総合開発計画も衣替えをし、二〇〇八年の国土形成計画では「国土の均衡ある発展」というスローガンがなくなった（二〇一五年の新たな国土形成計画では密かに復活しているようだが）。

「国土の均衡ある発展」という言葉を経済学的に解釈すると、地域の区別なく一人当たりの所得水準が同一水準へ近づくと考えることができる。実際ソロー教授の標準的な経済成長理論ではこの命題が導かれている。もし、ある時点において所得水準に差がある二つの地域や国があったとすると、貧しい地域や国の経済成長率は高くなり、豊かな地域や国の経済成長率は低くなることで、長期的には二つの地域または国の所得は一定水準へ収束するのである。この議論を使えば、日本が欧米先進国にキャッチアップしたことや、韓国や中国が日本を上回る高い成長率で、急速に所得格差を縮小させてきた事実を説明することができる。

信州大学の徳井教授と一橋大学経済研究所の牧野達治《たつじ》研究員は、この議論を、第一章で紹介したR－JIPデータベースを使って検証した。彼らは、一九七〇年から四〇年以上にわたる各都道府県の地域所得格差が縮小したかどうかを調べ、結果的に所得水準の収束は起きなかったと結論づけている（徳井・牧野、二〇一八）。実は社会資本整備は、一九八〇年代後半のバブル期を除いて、一貫して三大都市圏以外の地方に手厚く配分されてきた。こうした点を考えると、長年続いた社会資本整備が地域の所得格差の解消に貢献したとは考えにくい。

ただ、今後社会資本整備を単純に抑制し続ければよいというわけではない。これまで蓄積されてきた社会資本が全く無駄というわけではなく、更新投資が不可欠なものもある。こうした維持・更新投資が着実に実行されなければ、社会資本の生産力効果は低下し、最悪の場合には二〇一二年一二月に起きた中央道の笹子《ささご》トンネルの天井崩落事故のような悲劇が起きてしまう。しかし社会資本の平均耐用年数を四〇年とすると、毎年の更新費用は、社会資本額の二・五％に相当する。すでに社会資本総額は八〇〇兆円近くに膨れ上がっているため、更新投資額は二〇兆円に上る。これは一般会計予算の二割強にあたる金額である。今後も社会保障関連費用が増加することを考えると、現在の社会資本を維持することは困難であり、必要性の高いものから順次更新を行っていくほかはないだろう（社会資本の更新問題については根本、二〇一一）。

†構造改革特区の試み

二一世紀に入り、小泉内閣は新たな日本経済活性化、特に地域活性化の手法として、構造改革特区を策定した。その特区内では、経済活性化のために障害となっている規制を緩和する政策がとられている。この構造改革特区は、二〇〇三年〜二〇一三年までに一二〇九件が認定されている。構造改革特区の初期の事例としては、兵庫県神戸市の先端医療産業特区がある。これはポートアイランド地区及び神戸大学において、ライフサイエンスに関する研究機関や医療関連企業の集積を目指すために、二〇〇三年に認可されたもので、外国人の入国や在留申請などの優先的処理や外国企業の支店開設などを促進する施策がリストアップされている。

この事例は、まさに特区の創設により、革新的な産業の集積を誘導しようとしているという点において、アベノミクスにおける成長戦略の目標の一つである、生産性の低い分野から生産性の高い分野への産業構造転換を地域内で実現させる試みであると位置づけられ

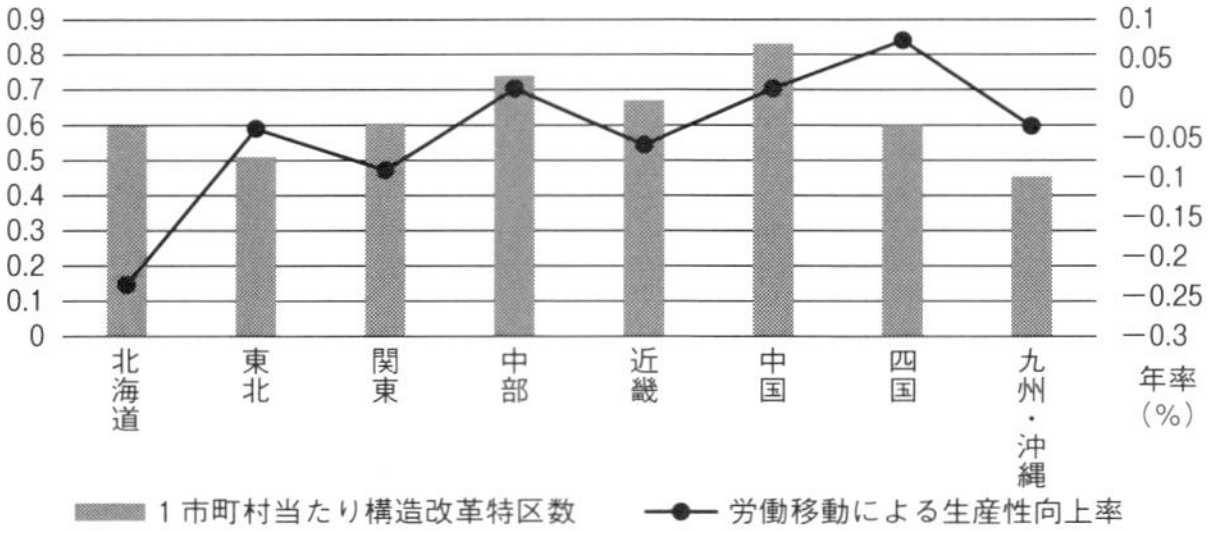

図5－2　生産性上昇率と1市町村当たり構造改革特区数（2003年―2009年）

る。

もちろん、数多くある構造改革特区の中には、必ずしも産業構造の転換を意図していないものも含まれる。しかし、構造改革特区の数は、ある意味ではその地域を振興させるために実施する規制緩和への意欲と捉えることもできる。

筆者と東洋大学の川崎一泰《かずやす》教授、日本生産性本部の枝村一磨《かずま》研究員は、R－JIPデータベースを使って、各地域の生産性上昇率と社会資本や構造改革特区の累積数の関係を調べている。彼らの研究によれば、社会資本だけでなく、構造改革特区の累積数も各都道府県の労働生産性を上昇させる効果を持っている。さらに、図5－2のように、労働移動による生産性変化率と、当該地域における累積の構造改革特区数を見ると、一市町村当たりの特区数が〇・七を超えている中部、中国地域では、生産性が向上していることが確認できる（宮川、二〇一七。宮川・川崎・枝村、二〇一八）。

†規制改革の意義

構造改革特区が始まる以前の一九九〇年代から、経済学者は経済の停滞を克服する重要な手段として、規制改革を主張してきた。医療、介護、教育、労働市場など個々の規制改革の意義と、それに伴う市場の拡大については、すでに多くの著作が出版されているが（八代・日本経済研究センター、二〇〇四。星・カシャップ、二〇一三など）、これらの規制改革が経済全体のパフォーマンスとどのように関連しているかという議論は少ない。したがってここでは、労働市場以外は個々の市場の規制改革に踏み込むことではなく、これまでの規制改革の積み重ねが経済全体にどのような影響を持ち、何が不足しているのかということを、規制改革に関する国際的な指標を用いながら考察したい。

†規制指標の国際比較

規制の強さを示す指標には、生産物市場や生産要素市場における法規制や産業特有の規制を調べて指標化した客観的指標と、実際にビジネスに携わる人たちに対する実感を元に作成された主観的指標の二種類がある。

この二種類の指標のどちらが優れているかということを、先験的に決めることはできない。客観的指標は、実際に市場を取り巻く規制の多さを客観的に知ることができるが、その規制の運用に関してまで把握できているとは言い難い。一方、主観的指標は、実際にビジネスに携わる人たちが、こうした市場を取り巻く制度の運用も含めて判断していると考えられるが、その判断の中には、インタビュー時点での景気状況やインタビューを受けた人の価値判断が混じることがある。そのため、両方の指標を作成し、両者の相関性や経済全体のパフォーマンスとの関係を見ることが望ましい。

表5－1はOECDのジュゼッペ・ニコレッティ氏とスワースモア大学のフレデリック・プライアー教授の論文（Nicoletti and Pryor, 2006）で示された、生産物市場における規制指標の国際比較である。指標は、規制が厳しいほど高い値をとり、主観的指標、客観的指標とも最も厳しい国の指標を1としている。これを見ると、どちらの指標で見ても日本は先進国一五か国中下位のグループに属していることになる。

主観的指標と客観的指標にばらつきは見られるが、相関係数は正であることから、規制の強弱についておおむね両指標とも同じ方向性を示していると言える。また労働生産性上

	主観的指標		客観的指標		
	スコア	ランキング	スコア	ランキング	労働生産性変化率（単位：%）
オーストラリア	0.40	9	0.24	3	1.70
オーストリア	0.39	8	0.49	7	1.63
ベルギー	0.74	13	0.80	13	1.22
デンマーク	0.38	7	0.50	8	0.62
フィンランド	0.00	1	0.67	12	2.31
フランス	0.78	14	0.88	14	1.63
ドイツ	0.31	4	0.52	9	1.74
アイルランド	0.32	5	0.20	2	3.62
イタリア	0.87	15	1.00	15	0.42
日本	0.61	11	0.58	10	1.43
オランダ	0.15	2	0.49	6	1.53
スペイン	0.58	10	0.64	11	0.55
スウェーデン	0.37	6	0.49	5	2.38
英国	0.16	3	0.00	1	1.89
米国	0.62	12	0.28	4	1.97

相関係数	主観的指標		客観的指標		労働生産性変化率
主観的指標	1.00		0.55*		−0.48**
客観的指標			1.00		−0.54***
TFP					1.00

表5-1　製品市場の規制指標の国際比較

出所　Nicoletti and Pryor (2006), EUKLEMS database, JIP database 2012

注1　主観的指標はPryor (2002)、客観的指標はNicoletti et. al. (1999) を元にしている。

注2　労働生産性変化率は、1995年から2007年までの期間。ただしデンマークのみ2006年まで。

注3　Nicoletti and Pryor (2006) には、カナダ、ギリシャ、ニュージーランド、ノルウェー、ポルトガルの規制指標があるが、労働生産性上昇率との関係でここでは省略している。

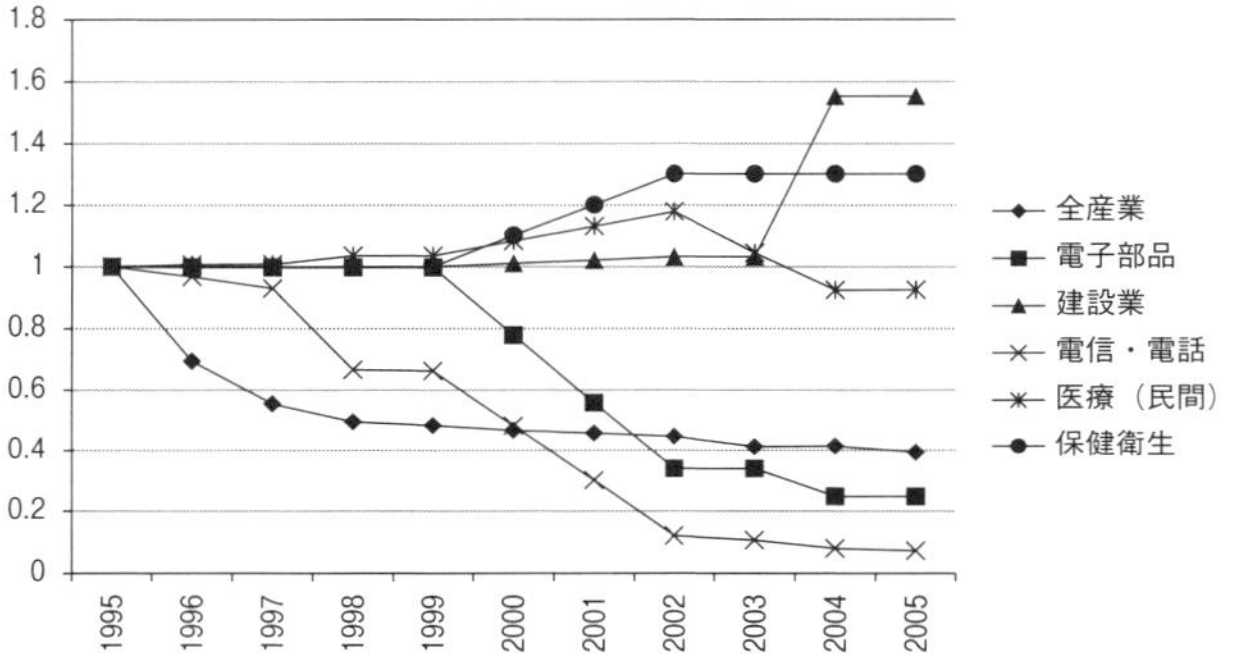

図5－3　日本の規制緩和の推移
出所　JIP データベース2012

昇率とは、両指標とも負の相関性がある。このことは、生産物市場での規制が強ければ、労働生産性の上昇率は低くなるという関係があることを示している。主観的指標も客観的指標も一九九七～九八年頃の調査に基づいているため、規制の強さがその後の労働生産性の上昇率に影響を与えたと考えてもよいであろう。

ただ、一九九〇年代の後半から、日本でも多くの規制緩和が行われてきている。（独）経済産業研究所が公表している日本産業生産性（ＪＩＰ）データベースでは、付帯表として表５－１の客観的指標と同様の規制指標を産業別に公表しているが、これをみると、規制の度合いは、一九九五年を一とした場合、二〇〇五年は〇・三九四にまで低下している（図５－３）。しかしこれを産業別に見ると、全体の規制緩和度合よりも大きい規制緩和がなされているのは、製造業であり、農業、建設業、医療、公衆衛生といった分野では、ほとんど規制緩和がなされていないか、または逆に規制強化が行われている。こうした業種は、現在成長戦略において規制緩和が議論されている業種とほぼ一致しており、成長戦略の観点から見れば、これらの分野における規制改革は妥当であると判断できる。

†低すぎる対日直接投資

表5-1で表された生産物市場における規制が厳しければ何が起きるのだろうか。容易に想像できることは、新たな企業の参入が難しく、競争が少ないために生産性向上への意欲が衰えるということである。日本では新規企業の参入率が低いということは第四章で紹介したが、これは海外からの参入、すなわち対日直接投資についてもあてはまる。

図5-4に見るように、二〇一三年の日本の対日直接投資額は二〇〇〇億円程度で、何と日本の対外直接投資額の一・五％に過ぎないのである。もちろんこの統計は、新たに日本に入ってきた外国資本の金額であり、すでに日本で活動している外資系企業の国内投資を含んでいるわけではない。しかし、対外直接投資の統計もすでに進出した企業が海外で

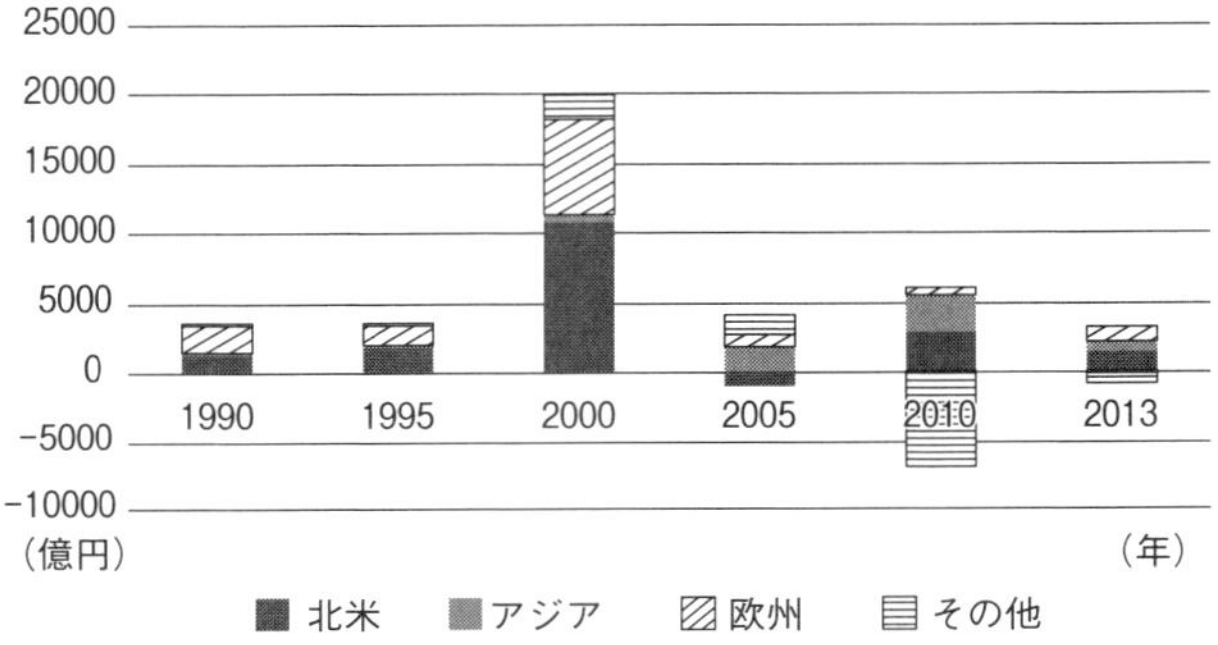

図５－４　対日直接投資の推移（1989年〜2013年）
出所　財務省「対外及び対内直接投資状況」、「国際収支状況」

行っている投資額を含んでいないので、同種の統計を比較していると言えよう。国際的に見ても日本の対内直接投資の低さは際立っており、欧米諸国はおろか中国や韓国と比較してもはるかに低いのである。

もちろん日本企業の生産性が高ければ、特に外資系企業に来てもらわなくてもよいという意見もあるかもしれない。しかし、第四章で紹介したスタンフォード大学のブルーム教授らが調査した経営スコアでは、一般的に外資系企業の経営スコアは国内企業の経営スコアよりも高くなっている。そしてこのスコアの差が生産性に反映するため、外資系企業の生産性は国内企業よりも高いと考えられる。実際二〇一五年の「通商経済白書」は、外資系企業の生産性は日本企業の生産性よりも高いことを示している。つまり、国際的なビジネス交流の容易さや、それを通した生産性向上という観点から見れば、日本はもっと優良な外資系企業を増やす努力をすべきなのである。

それではなぜこれほどまでに、対日直接投資が少ないのだろうか。最も大きな要因は法人税率が国際的に見て高いということだろう。また冒頭に述べたように、様々な税制が軽減される措置があったとしても、それが複雑で外からは非常にわかりにくいものになっているということが挙げられる。

加えて日本では企業を設立するときのコストや手間が非常に大きい。海外では、企業を設立する際には、設立に伴う手続きを一手に引き受けてくれるワンストップサービスを利用するのが通例だが、日本では法務局や地方自治体、金融機関など様々な機関を回らなくてはならない。この点はすでに対日直接投資を促進する政策が始まってからすぐに指摘されていたがあまり改善されていない。第二次安倍政権になり、先に挙げた構造改革特区をより大規模にした国家戦略特区の設置が決定され、東京圏では東京開業ワンストップセンターができたが、これが対日直接投資の起爆剤になるかどうかは、こうした制度が周知され利用されていくかどうかにかかっていると言えよう。

†労働市場改革の行方

生産要素市場における規制改革で焦点となるのは労働市場である。労働市場が重要な理由は、労働力がすべての産業に利用される生産要素だからである。表5－2は、先ほどのニコレッティ氏とプライアー教授の論文で示された労働市場分野における規制指標を示している。

表5－2のスコアも最も労働市場規制が厳しい国の指標を1としている（ただし、客観的指標の方では、労働生産性の指標がとれなかったポルトガルが1となっている）。これを見ると、労働市場全般を対象とした主観的指標の方では、日本は第三位とかなり規制が緩い国として評価されている。しかし、採用や解雇に関する規制に限った客観的指標で見ると、日本は一五か国中一四位と下から二番目になる。

このように日本においては、主観的指標と客観的指標に差はあるものの、他の国ではおおむね、主観的指標と客観的指標との間に規制度合いの差はない。また労働生産性上昇率との関係を見ると、どちらの指標で見ても労働市場規制が強い国ほど労働生産性上昇率が低くなる傾向があるか、採用や解雇を対象とした客観的指標との相関性の方が高い。この

	労働市場全体		雇用及び解雇に関する規制のみ		
	主観的指標		客観的指標		労働生産性変化率（単位：%）
	スコア	ランキング	スコア	ランキング	
オーストラリア	0.63	8	0.24	4	1.70
オーストリア	0.68	10	0.61	10	1.63
ベルギー	0.91	13	0.53	6	1.22
デンマーク	0.39	5	0.36	5	0.62
フィンランド	0.61	7	0.53	8	2.31
フランス	1.00	15	0.81	15	1.63
ドイツ	0.92	14	0.72	12	1.74
アイルランド	0.36	4	0.22	3	3.62
イタリア	0.86	11	0.87	19	0.42
日本	0.25	3	0.69	14	1.43
オランダ	0.68	9	0.61	7	1.53
スペイン	0.56	6	0.85	13	0.55
スウェーデン	0.90	12	0.63	9	2.38
英国	0.12	2	0.08	2	1.89
米国	0.11	1	0.00	1	1.97

相関係数	主観的指標		客観的指標		労働生産性変化率
主観的指標	1.00		0.64*		−0.19
客観的指標			1.00		−0.47**
TFP					1.00

表5-2　労働市場の規制指標の国際比較

出所　Nicoletti and Pryor (2006), EUKLEMS database, JIP database 2012

注1　主観的指標はPryor (2002)、客観的指標はNicoletti et. al. (1999) を元にしている。

注2　労働生産性変化率は、1995年から2007年までの期間。ただしデンマークのみ2006年まで

注3　Nicoletti and Pryor (2006) には、カナダ、ギリシャ、ニュージーランド、ノルウェー、ポルトガルの規制指標があるが、労働生産性上昇率との関係でここでは省略している。

こともまた日本において解雇規制の見直しを中心とした議論が妥当であることを裏付けている。

表5-2の国際的比較では、労働市場における流動性が高まるほど生産性が向上するということになる。一方で、これまでの日本的雇用慣行を支持する声も根強い。金融危機後多くの企業がリストラに走る中で、成果主義による労働報酬制度を取り入れたものの、うまく機能しなかった例もある。また猪木(二〇一六)に述べられているように、現場技術の継承をOJTによって確保していく製造業では、このような労働慣行が有用だとする意見もある。

しかし、近年製造業における雇用は増加しておらず、雇用の比率が増加しているサービス業では森川(二〇一八)が示したように off the job training による技能形成がより生産性を向上させるのである。また、これまでアングロ＝サクソン型の流動的な雇用形態とは一線を画してきたドイツやフランスなどでもより柔軟な雇用体系への移行が進められてきた。

†ドイツの労働市場改革

ドイツの場合は、一九九一年に東西ドイツが統合した後、旧東ドイツの労働者を中心に高い失業率に苦しみ、一九九〇年代を通して経済が低迷した。そこでドイツは、二〇〇〇年代初めにハルツ改革と呼ばれる労働市場改革を実施する。ハルツ改革では、硬直化していた失業保険期間の短縮などによる失業手当の実質的削減を行うと同時に、早期の就業促進のために職業紹介機能を強化した。また労働市場の流動化のために解雇制限の適用除外となる対象事業所の緩和を行い、起業支援、自営業者の失業保険任意加入の制度なども実施している（ハルツ改革については根本、二〇一一を参照）。

こうした労働市場改革の後、二〇〇五年時点で一一%だったドイツの失業率は、二〇一五年には四%台にまで低下している。このハルツ改革を行ったのはシュレーダー首相の時期で、当時のドイツ政府は、年金給付水準の引き下げや年金財源の多角化などによる年金改革、患者自己負担の引き上げ、公的医療保険の給付水準対象見直し、診療報酬制度の改革などの医療制度改革を行っており、こうした社会保障面での改革も含めてシュレーダー改革と呼ぶこともある。以上の一連の労働市場、社会保障改革によって、二〇一〇年代に入って、ドイツはヨーロッパで最も経済的に安定した国へと変貌している。

†四〇歳定年説

日本もかつてのドイツのように硬直的な労働慣行が長く続いており、一気に労働市場の流動化を実現することは困難である。このため、宮川・徳井（一九九五）や東京大学の柳《やな》川範之《がわのりゆき》教授は、正規社員としての雇用を四〇歳くらいまでとし、その年代における労働者の移動を流動化する案を提案している（四〇歳定年説とも呼ばれる）。

日本の長期雇用制度は、当初は六〇歳くらいまでの雇用を想定して設計されていた。これは、平均寿命が八〇歳を超えておらず、退職後長期にわたって生活することを想定していない当時の状況では合理的な制度だと考えられる。しかし、平均寿命が八〇歳を超えるようになると、六〇歳前後で退職した場合、さらに一〇年程度働くことが可能だが、第二の就職をして別の職場で新たな技能を修得するには遅すぎる。このため、現在の長期雇用が想定しているよりも若い時点で、第二の長期雇用を考える場を設けようというのが、四〇歳定年説の考え方である。

ただしこの考え方を実現するためには、転職の際のリスクも考慮して、従来の年功賃金制度を改革して三〇代の賃金をより手厚くしなくてはいけない。三〇代の労働者の生産性は最も高いと言われているので、こうした賃金制度の改革も理にかなっている。

†日本の「働き方改革」

労働市場改革は、政治的には大きなリスクを伴う改革ではあるが、先ほどのドイツに加え、フランスでも二〇一八年から改正された労働法典が施行されている。本書で何度か引用したスタンフォード大学のブルーム教授らが実施した経営スコアの国際比較でも、米国の次に位置するドイツ、日本、スウェーデンは、業務管理の部分では米国と遜色ないが、人材管理の部分で米国と差がついているのである。

そして二〇一八年には日本でも「働き方改革法案」と名付けられた労働市場改革法案が成立した。この法律では、残業の上限を厳しく規制する一方で、高収入の専門的職業に従事する労働者に対しては労働時間規制や残業代支払いの対象外としている。また正規労働者であれ、非正規労働者であれ同じ業務に対しては同一の賃金を支払う。いわゆる「同一労働同一賃金」も規定されている。

確かに厳しい残業規制は、企業の生産性向上意欲を刺激するかもしれない。一方で高度プロフェッショナル労働者の扱いは、運用次第では現状とほとんど変わらず、生産性の高い高度専門人が増える可能性は少ないかもしれない。加えて日本の労働市場では、まだまだ法律では変えていくことのできない雇用慣行がある。例えば新卒一括採用などはその典型で、この慣行のために不況期に就職できず、その後も安定的な職を得られない世代が存在する。同じ能力を有する人が、それにふさわしい仕事を選べるべきだという考え方からすれば、生まれた時期によって職業選択の幅が狭められる慣行というのは不公平だと言えるだろう。またこのことは企業にとっても、業務に適した生産性の高い人材を得る機会を失っているという意味で損失であると言えよう（働き方改革の内容に関しては、八代、二〇一五。鶴、二〇一七）。

さらに女性雇用の問題も残されている。「同一労働同一賃金」だけでは、欧米と差がある女性の管理職比率を上昇させることはできない。日本企業にしばしば見られる、ルーティーンワークの企業特殊性が解消され、財務や会計などの分野で標準化がなされ、労働力の流動化がなされていかなければ、女性のキャリアの中断のマイナス面を克服することはできないだろう。

†政府自身の業務効率化

これまでは、生産性向上のために政府がどのような政策や民間に対する働きかけができるかを考えてきた。しかし、政府自身が民間の生産性向上を阻害している場合もある。先ほど示した対日直接投資におけるワンストップサービスの遅れは、日本政府の特徴である縦割り行政の弊害を象徴する事例である。この他にも複数の省がＩＴ関連を所管し、関連政策の一元化がなされていないなど、縦割り行政は、しばしば生産性向上の機会を奪っている。その弊害は外資系企業だけに留まらない。国内企業もまた一つの仕事に対して複数の官庁を相手にして時間を浪費しているケースは少なくない。民間企業に生産性向上を促すのであれば、政府自ら業務を効率化し、重複的な政府と民間企業の交流を少なくすべきであろう。

こうした縦割り行政の弊害をなくす一つの方法は、各省庁が有する行政上のデータを共有し有効に活用する仕組みを構築することである。

例えば、私たちは車検を受ける際に自動車税の納税証明書をあらためて提出させられる。しかし政府（地方自治体も含む）の方で納税データを把握し、そのデータを運輸局が取り出すことができれば、私たちは納税証明書を保管する手間や車検の際にそれを探し出す手間から解放される。きちんと納税をしているのだから、政府が納税者に対してこうした手間を省くサービスを提供するのは当然だと言えるだろう。

有名なエストニアの電子政府というのは、ブロックチェーンという情報を分散的に管理するシステムを発展させ、各省庁が保有する行政データを連携させることにより、住民や企業が役所に足を運ぶコストを劇的に減らしつつ行政サービスを受けることのできるシステムである。このシステムは、エストニアという人口一三〇万人の小国だからこそできるという意見もあるが、エストニアのような全面的な電子化でなくとも部分的な電子化により、縦割り行政の壁を少しでも低くし、行政コストや住民や企業が負担するコストを下げる努力をすべきだろう。

†政府の介入は最小限に

もう一つの政府の役割は、民間の活動に介入し過ぎないことだ。経済全体の生産性の向上を目指す中で、どうしても縮小せざるを得ない産業や市場から退出する企業が現れる。高度成長期に政府は新しい産業の育成に努めたが、同時に農業や石炭産業といった生産性の低い産業に対しても支援策を講じていた。これらの産業は相当規模の労働者を抱えていたためにやむをえない部分もあったが、最近は国際競争に対応できなくなった個別企業への支援もしばしば見受けられる。しかも単に市場競争の中で失敗しただけでなく、数年にわたって市場ルールから逸脱した決算を行った企業に対して政府が手を差し伸べるということも行っている。

最近の個別企業に対する政府の救済事例を見ると、労働者を多く抱えた大企業が多いようだが、それは労働市場でのセーフティーネットで対応すればよい話で、企業組織全体を救済する理由にはならない。また「国策」といった言葉もよく聞かれるが、これも国にとって必要な部分は国営化するか分割して別の企業に売却すればよいのである。政府が介入して資金援助を行って失敗した企業の存続を図ることは、他の同業種の企業との競争上の公平性を失わせることになるだけでなく、存続した企業の非効率性を温存し、かつさらに公的部門の非効率性をその企業に持ち込む可能性もあって、生産性という観点からは利点はない。

また第二次安倍政権になってからは、企業が本来柔軟に意思決定すべき事項にも介入しているように見える。例えば労働面では再三にわたる賃上げ要請が行われている。しかし、バブル崩壊後の経緯を見ると、一九九〇年代は団塊の世代がちょうど定年前にさしかかっていた時代であった。当時企業はまだ年功序列賃金を維持しようとしていたため、この時

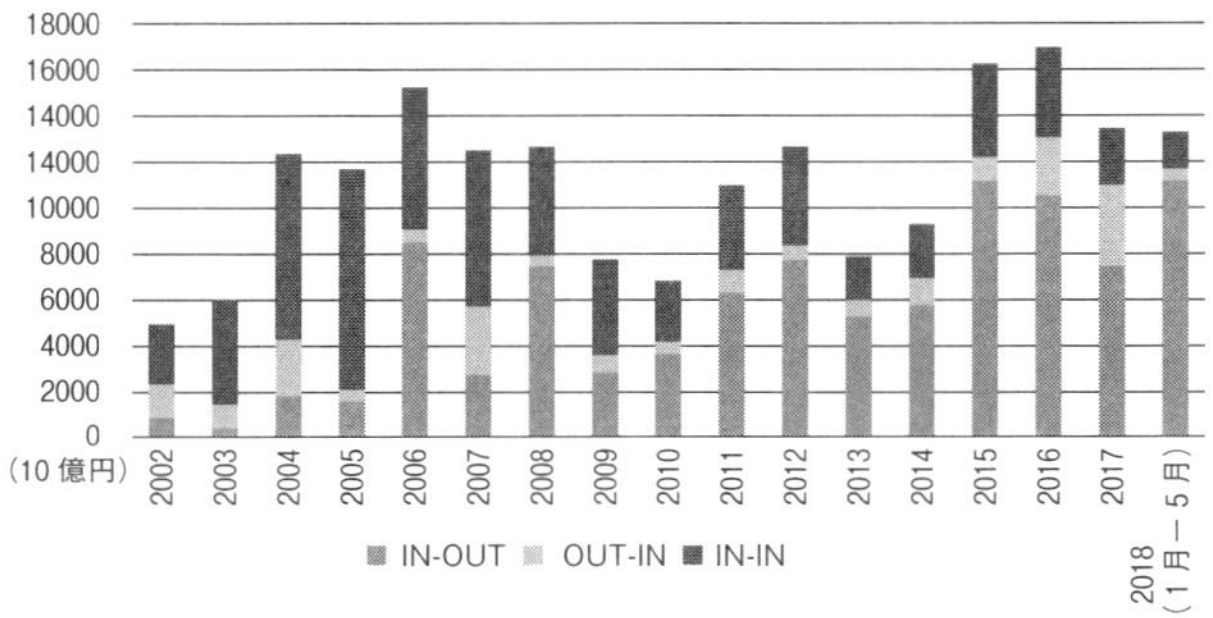

図 5－5　日本の M&A 金額の推移
出典　月間「レコフ」

期は生産性を超える相当な人件費負担を行っていた。これが一九九〇年代後半の金融危機を経て、団塊世代が企業を去り、かつ高年齢層の賃金のフラット化が進むことによって、賃金カーブが本来の労働生産性と整合的になるように修正されてきたと考えられる。さらにこの頃から、非正規雇用が増加し、人材育成費を減少させて全体のスキルが上昇しない状況では生産性の持続的上昇は望めない。こうした状況を考えると賃金の大幅な上昇がないというのは、これまでの経緯を踏まえた企業の合理的な判断だと言えよう。

また政府は内部留保が増加しているにもかかわらず、企業の設備投資が少ないことにも不満を述べている。確かにアベノミクスが始まってから企業収益は増加し、内部留保は増えている。しかしその増加分はすべて現預金のような流動性資産で保有されているわけではない。企業のバブル崩壊後のバランスシートを見ると、その他の長期投資という項目が増えている。これは海外子会社の生産能力拡大や内外の企業の買収に対して、企業が積極的であることを示している。実際図5-5にあるように、日本企業が海外の企業を買収する金額は年々増加し、二〇一六年に一〇兆円を超えている。これもまた、これまで企業内の人材や組織への投資を怠ってきた日本企業が、短期的にグローバル化に対応した組織や人材を手に入れるために買収を活発化させているという意味で合理的な判断であると言える。

政権担当者は、拡張的な金融政策や機動的な財政政策を行ったにもかかわらず、賃金や投資の面での企業の対応が鈍く、歯がゆい思いをしているかもしれない。しかし、財政金融政策は、企業活動における長期的な期待を変えるものではない。その意味で刺激的な財政金融政策を行ったからといって、企業活動に対して過度な介入をするのは筋違いである。企業活動に対する過度な支援や期待は、企業活動が失敗した際の支援にもつながってしまう。一方、企業側も失敗した際の支援を期待して、政府の過度な要望に応えようとする。こうした持ちつ持たれつの関係は、現在の長期停滞の下では傷を舐めあっているだけで、将来的な成長への展望は開けない。むしろ民間企業は政府をあまり頼りにしない、政府はよほどのことがない限り個別の民間企業を救済しないという緊張関係があった方が、それぞれにとって有益になるだろう。

第六章

日本経済が長期停滞を脱するには

——アベノミクスを超えて

†アベノミクスの評価

これまでは、生産性を中心に日本経済について考えてきた。しかしこの最後の章では、もう少し視野を広げて、今後の日本経済全体の展望を述べてみたい。

これからの日本経済を見通すうえで、欠かすことができないのは、二〇一二年一二月に再び首相の座についた安倍晋三氏が、自らの経済政策について名づけた「アベノミクス」である。本章を執筆している二〇一八年九月現在安倍首相は在任中であり、その意味で安倍首相の経済政策という意味でのアベノミクスは依然続いていると言える。この六年半の歳月を経たアベノミクスは次の理由から再度検証される必要がある。

検証の際の重要なポイントの一つ目は、アベノミクスによって何が変わり、何が変わっていないのかを明確にすることである。二つ目は、アベノミクス自体が当初の政策目標からずいぶん変質しており、現在続いている政策と当初の政策との相違を確認しておく必要がある。その典型的な例は、当初アベノミクスの重要な柱となっていた金融政策である。金融政策がどのようにして経済全体に影響を及ぼしてきたかを含めて、なぜ政策変更をせざるを得なかったかを見ておく必要がある。

†金融政策の効果と変遷

アベノミクスは、①大胆な金融政策、②機動的な財政政策、③成長戦略の「三本の矢」で始まった。このうち①②は経済の需要側を刺激する短期的な政策、③は経済の供給側を引き上げる長期的な政策である。したがって、アベノミクスは経済を需要、供給両面から押し上げていこうとする包括的な政策パッケージと言える。この中で①の金融政策の実質的な責任者である日本銀行は、二〇一三年四月に量的・質的金融緩和政策を実施する際に「二年で消費者物価上昇率を二％にする」と宣言したために、アベノミクスの中核の政策と位置付けられた。

図6－1を見ればわかるように、二〇一四年には、金融政策の効果に加え、消費税率の上昇や原油価格の上昇からエネルギー価格が上昇して比較的高い物価上昇率になったが、原油価格が低下するとともに、上昇率も低くなり結果的に量的・質的緩和政策を開始してから二年で二％という約束を果たすことはできなかった。

このため二〇一六年一月にマイナス金利を導入するとともに、同年九月にはアベノミクス開始以来の金融政策を総括し、新たな金融政策であらためてデフレ脱却を目指したが、

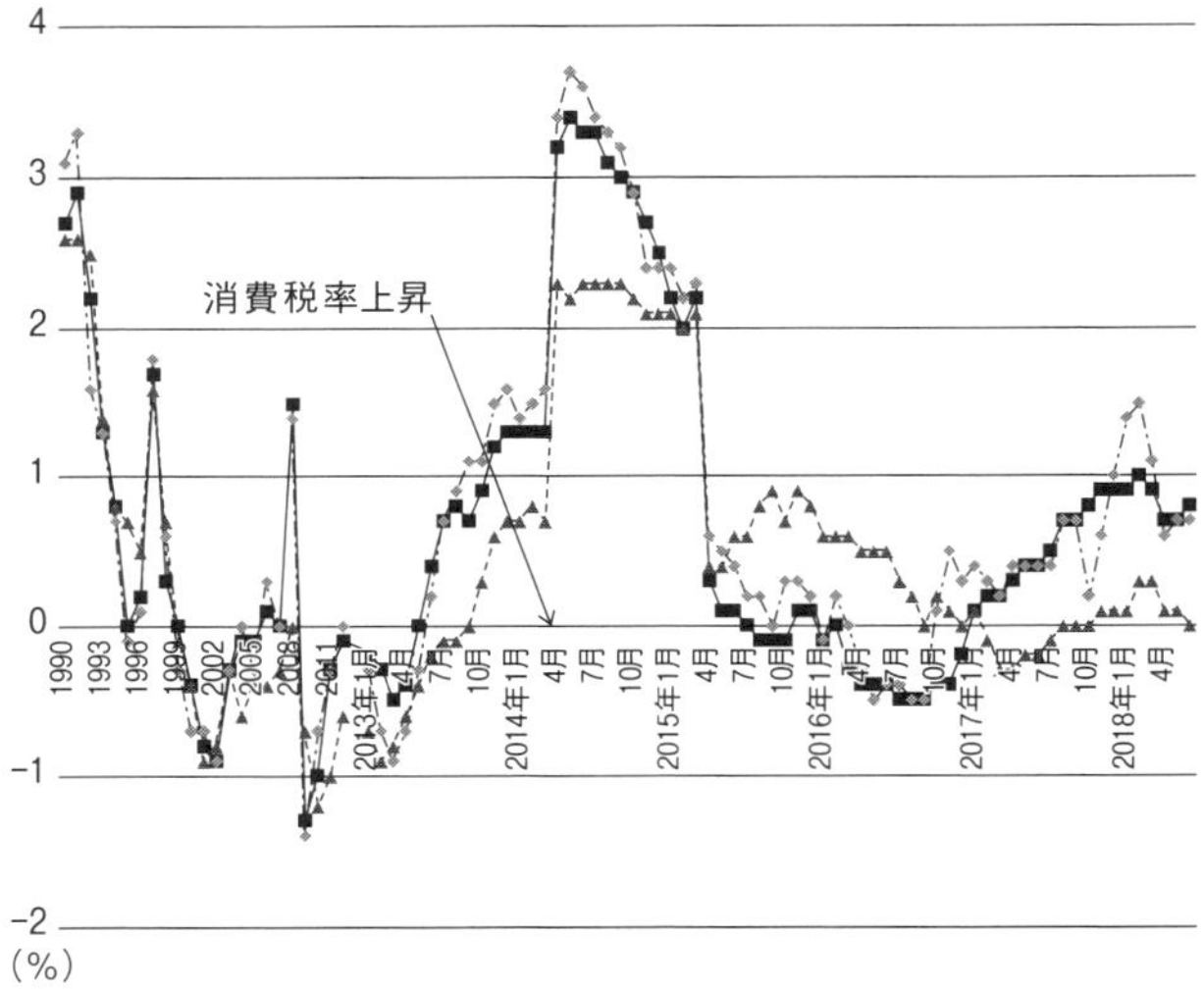

図6－1　消費者物価指数の推移
出典　総務省「消費者物価指数」、日本銀行「金融経済月報」
総合　生鮮食品を除く総合　食料（酒類を除く）及びエネルギーを除く総合

それでも物価上昇率を目標の二％に上げることはできなかった。一方で他の先進国では二〇〇八年の世界金融危機からの景気後退を脱却し、政策金利を上げる方向へと政策転換している。このため日本銀行でも二〇一八年七月の政策決定会合では、長期金利の上昇をある程度容認し、物価目標については期限を設けた政策目標とすることをやめ、「大胆な金融緩和政策」を変更する、いわゆる「出口政策」を模索する状況になって

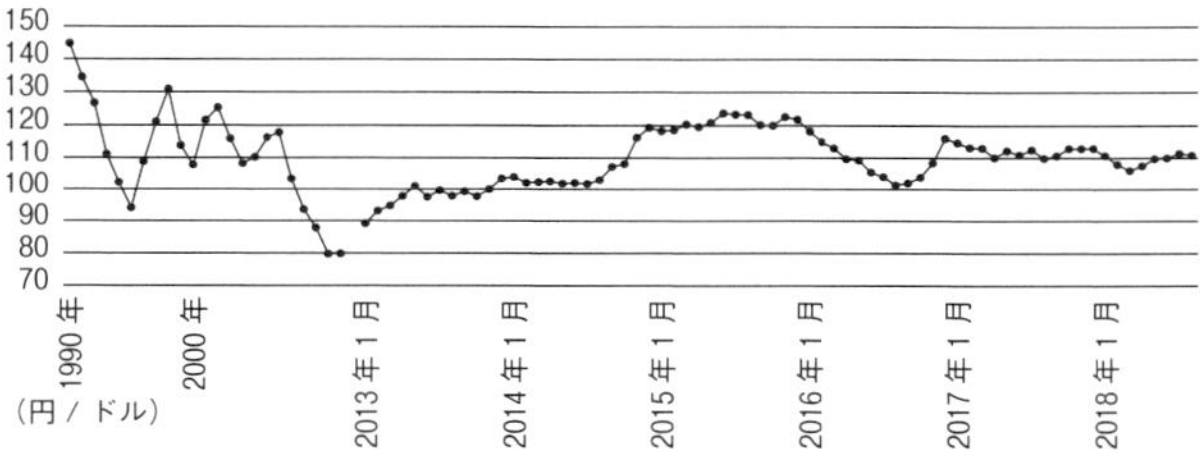

図6−2　円・ドルレートの推移
出典　日本銀行（2013年1月より月次データ）

いる。

円安と株高

一方、図6−2に見るように量的・質的金融緩和によって為替レートは大幅に円安方向に振れた。アベノミクスが始まった二〇一二年一二月に一ドル八三・六円だった円・ドルレートは、二〇一五年末には一ドル一二一円になり、二〇一八年八月二日現在でも一ドル一一一円となっている。円安は、企業収益を大幅に増加させることになった。すでに多くの日本企業は海外で事業活動をしている。その事業から得られる収益が年間一億ドルだとしよう。もし為替レートが一ドル八三・六円だと円に換算した収益額は八三・六億円だが、一ドル一二一円であれば一二一億円と四五%も増加する。こうした為替レートの変動による企業収益の増加によって、企業の株価は上昇した。アベノミクスが始まる前の二〇一一年には

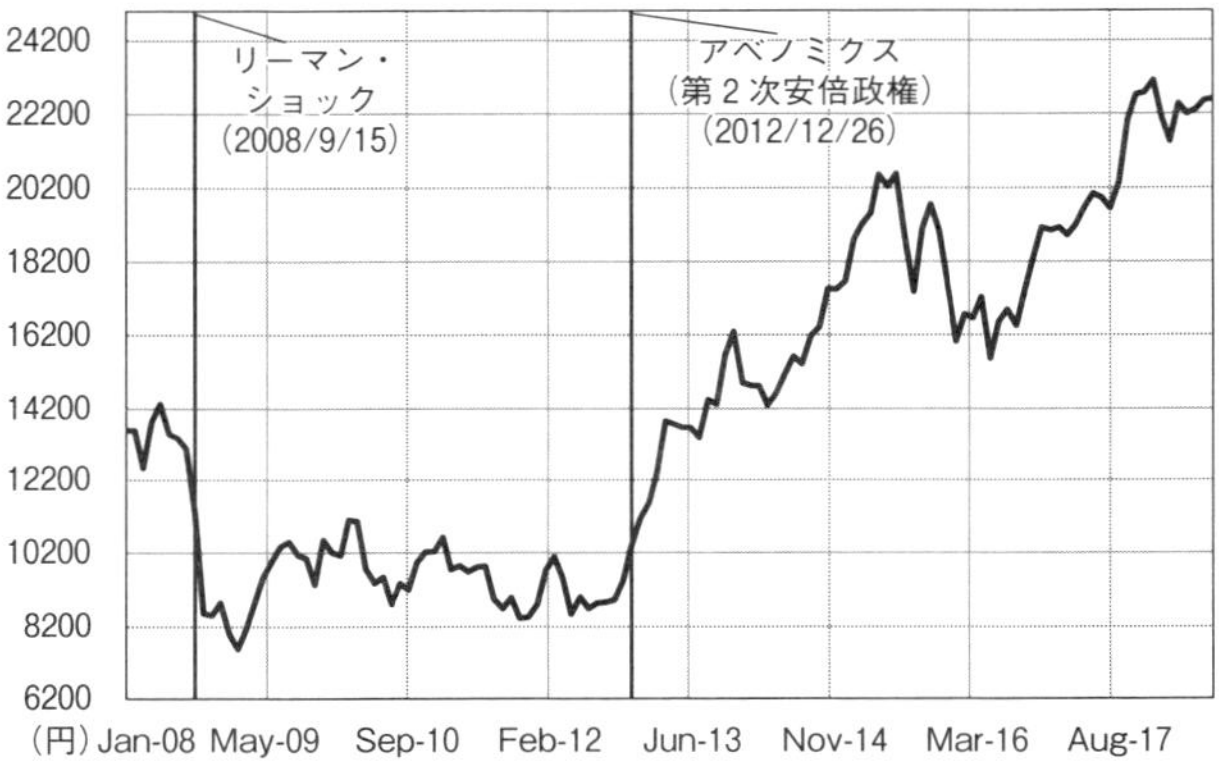

図6－3　日経平均株価の推移
出典　日本経済新聞社

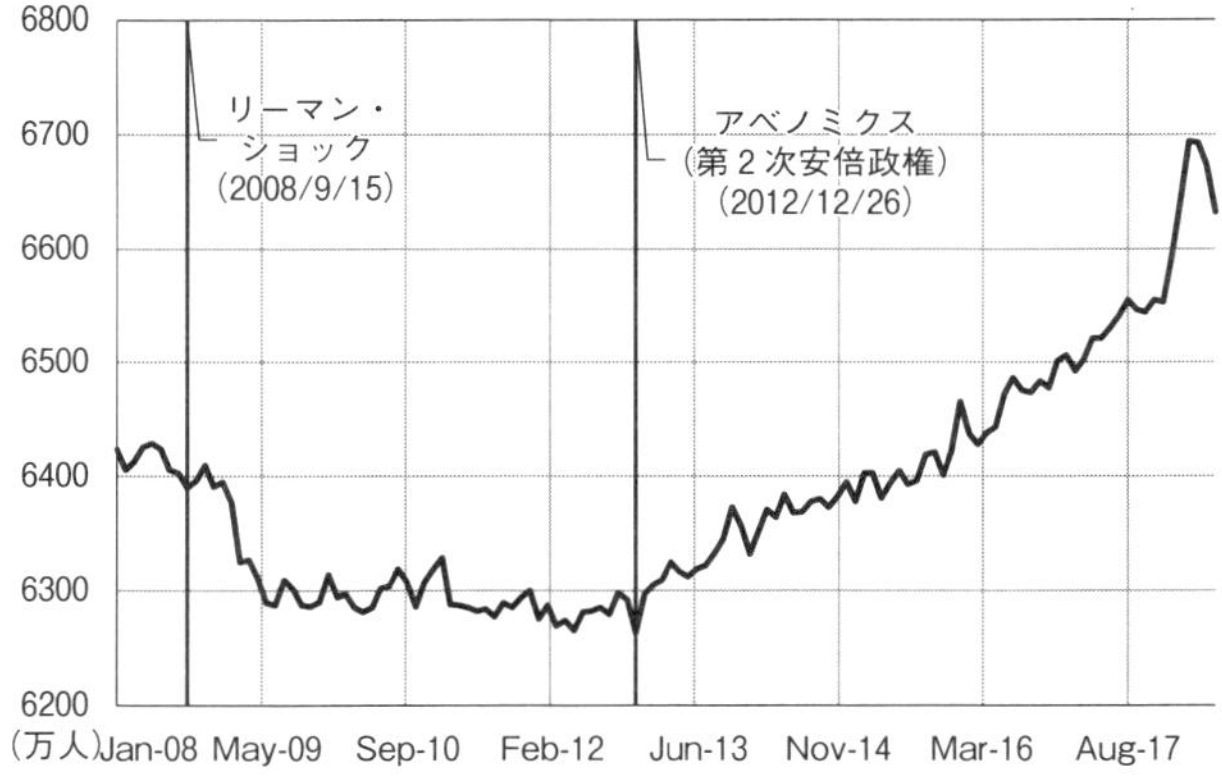

図6－4　就業者数の推移
出典　総務省『労働力調査』

八〇〇〇円台だった日経平均株価指数は、二〇一五年には二万円を超え、二〇一八年八月現在も二万二〇〇〇円台である（図6－3）。

†労働市場の改善

最も顕著な改善を見せたのは、労働市場である。アベノミクス開始以来現在（二〇一八年六月）に至るまで、就業者数、雇用者数はともに四〇〇万人増加している（図6－4）。それとともに失業率は低下し続け、二〇一六年六月現在二・四％と、バブル期に匹敵する水準にまで低下した。そして有効求人倍率は一・六二倍（二〇一八年七月）と、求人者数が求職者数を上回る状態が四年以上続いている（図6－5、図6－6）。

このように急速に労働需給が改善した最大の要因は、やはり少子化により労働の供給サイドが不足してきたことにある。ただ単なる労働需給の改善、逼迫であればもっと早くに賃金が上昇しているはずである。しかしアベノミクス開始から五年を過ぎても、なかなか賃金は上昇していない。これには二つの理由がある。

一つは依然として非正規雇用が増加していることにある。賃金が相対的に低い非正規雇用の比率が上昇すれば、たとえ正規雇用の賃金が上昇しても全体としての賃金上昇は鈍っ

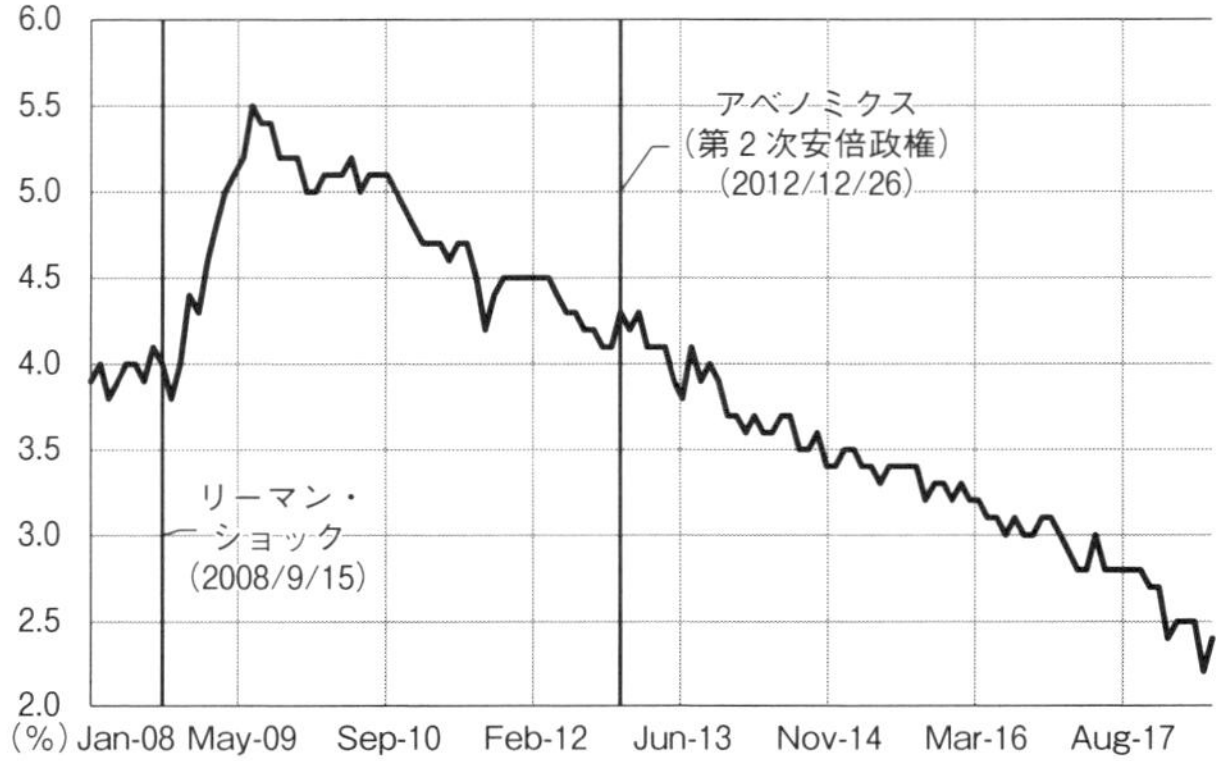

図6－5　完全失業率の推移
出典　総務省『労働力調査』

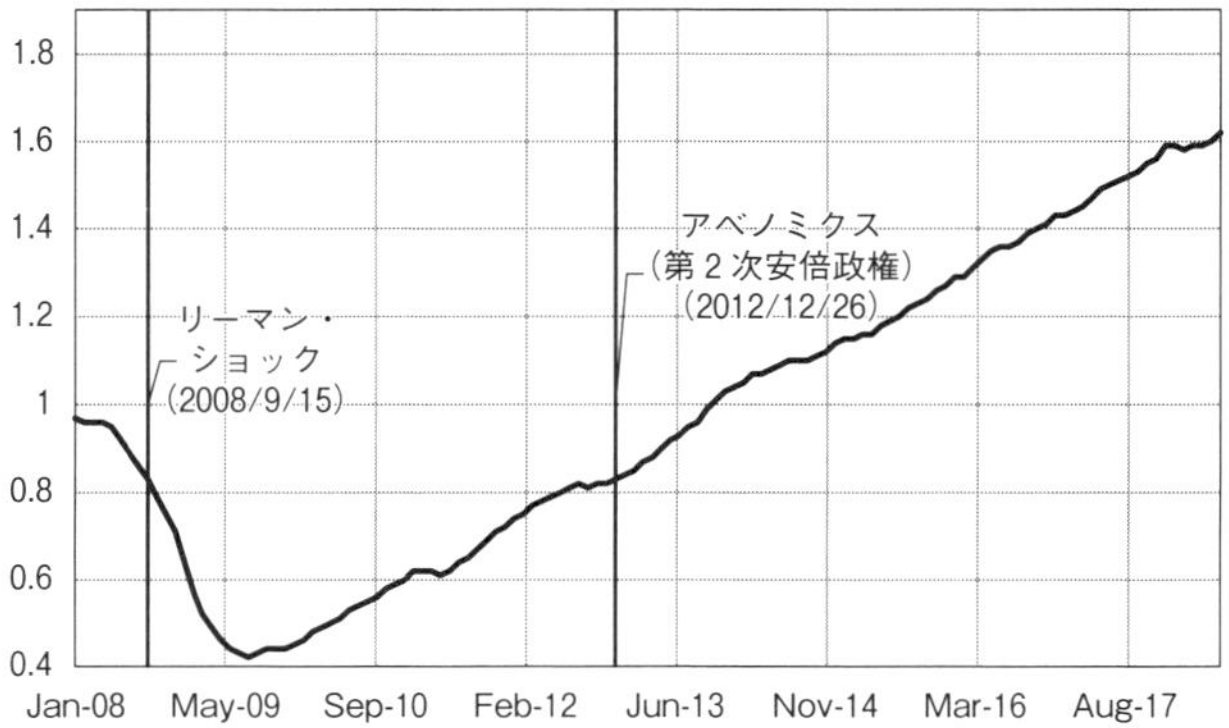

図6－6　有効求人倍率の推移
出典　厚生労働省「一般職業紹介状況（職業安定業務統計）」

てしまう。

もう一つは、生産年齢人口(一五歳から六四歳までの人口)を超える年齢の人たちが労働者として労働市場に流入しているためである。すでに生産年齢人口は、一九九〇年代半ばから減少に転じている。それにもかかわらず、就業人口全体が増加している背景には、この六五歳以上の就業者数の急増がある。これらの人々は、すでに年金を受給している人が多く、より若い労働者に比べて賃金水準が生活水準を左右する度合いは小さい。またこうした高齢の労働者は職が見つからない場合に、失業状態のまま労働市場に留まることが少ない。このような高齢労働者が多数現れるようになったことが、賃金水準の上昇を抑制し、かつ失業率を大きく低下させる要因になっている。

本来、労働者が不足していけば、企業側としては従来の仕事をできる限り機械などで置き換え、生産性を向上させることにより賃金の引き上げへとつながっていくはずである。そうした傾向が進まないのは、非正規労働者や高齢労働者の増加によって賃金上昇圧力が緩和されているからである。

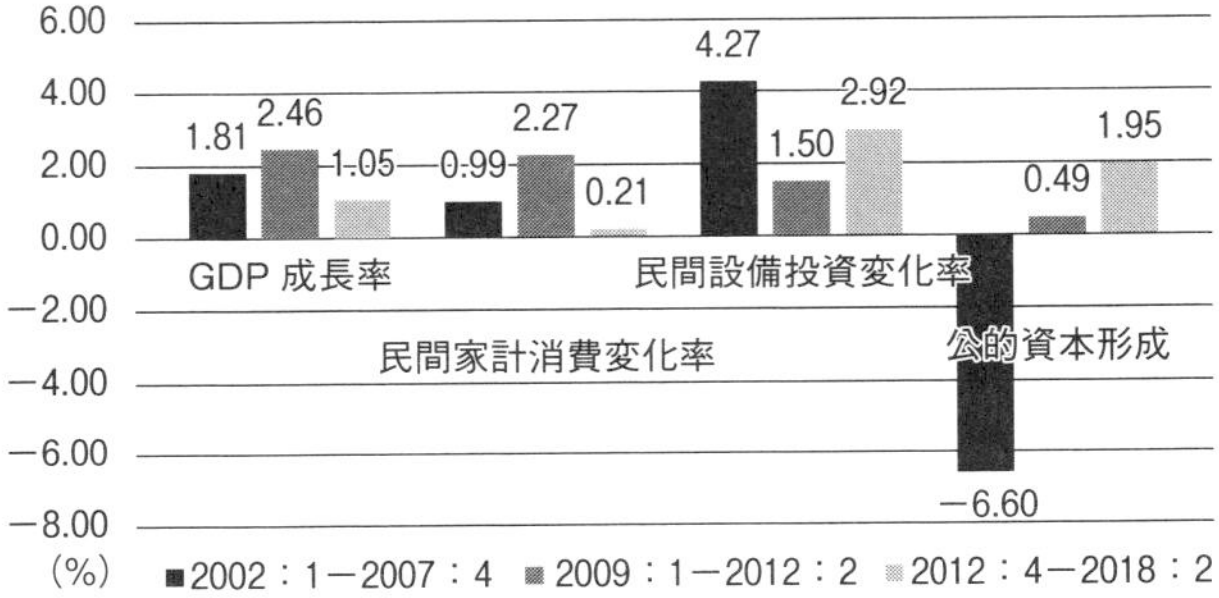

図６－７　景気回復期のGDPと構成項目の伸び
出典　内閣府『国民経済計算』

†なぜ成長できないのか

これまでは、物価上昇率の目標が達成できなかったことを除いてアベノミクスによって改善された項目を中心に説明を行なってきた。しかし序章で説明したように、五年余りにわたる景気回復を経ても、経済成長率は依然低いままである。

図６－７は、二一世紀に入ってからの日本の景気回復期におけるGDPと、GDPを構成する主要な項目（民間消費、民間設備投資、公的資本形成）の変化率（年率）を示している。実はアベノミクスが始まってからのGDPの伸びは一％に留まっており、過去の二つの景気回復期よりも低くなっている。

GDPの構成項目のうち六〇％を占める民間消費は、アベノミクスの期間はほぼ横ばいになっており、これがＧＤＰの伸び率の足を引っ張っていると考えられる。この民間消費はアベノミクスが始まった当初は勢いがあったのだが、二〇一四年四月の消費税率引き上げ後低迷が続いている。このため消費税率引き上げが消費低迷の主因と見なされているのだが、一方で後に述べる日本の成長力（潜在成長率）が〇％台となったため、長期的に所得の上昇が望めず、消費が低迷しているという意見もある（早川、二〇一六）。そのため政府は二度にわたって消費税率の再引き上げを延期している。

こうした事態を見て、識者の中には財政支出を増加し、それによって生じる政府債務の増加を日本銀行の国債購入によって賄うべきだという意見もある。しかしこれまでも繰り返し説明してきたように、金融政策も財政政策も短期的な景気刺激策であり、潜在成長率を高めて経済成長率を引き上げることはできない。五年を超える大胆な金融緩和策はそれを証明しているし、財政拡張政策についても一九九〇年代のバブル崩壊後の政府支出の増加が、潜在成長率を高めることがなかった経験を考えれば、その帰結は明らかである。

†成長戦略の行方

ここで、読者は不思議に思われないだろうか。アベノミクスは三本の矢で構成されていたのではなかったか？　いったい第三の矢である成長戦略はどうしたのだと。その通り。実は、第三の矢の不在は、アベノミクス開始当初から囁《ささや》かれていた。しかし成長戦略に並べられた項目は、実現に時間がかかる。例えば、成長戦略は毎年五、六月頃に具体的内容が明らかにされるが、それが予算として政策の形をとるのはその年の秋からで、具体的な政策の発動は翌年ということになる。ＴＰＰに至っては、合意に達した各国が批准しなければ効力を発揮せず、米国のように一旦ほぼ合意に至った内容を破棄してしまう例もある。したがって、アベノミクス開始当初は成長戦略の行方について注目度が低かったのである。

しかし、アベノミクスが開始されてから二年を超えたあたりから転機が訪れる。二〇一五年九月に安倍首相は、自民党総裁に再選されたことを機にアベノミクス version 2 を打ち出す。このアベノミクス version 2 では新三本の矢として、二〇二〇年頃にＧＤＰを六〇〇兆円にまで引き上げ、出生率の上昇や介護離職ゼロなどを目標としている。新三本の矢の二本目、三本目は社会政策の色合いが強く、実質的には一本目の矢が衣替えした成長戦略と言える。

この背景には、当初想定していた物価上昇率の目標が達成できなくなったことや消費税率の再引き上げを延期したことにより、巨額の政府債務を解消していく手段として経済成長に伴う税収増に頼らざるを得なくなったことがある。

これ以降、成長戦略は毎年のように目玉づくりに追われる様相を見せる。その中で、序章で述べた生産性向上策や移民に対する政策転換などが打ち出されるのだが、本来の成長戦略とはドイツのインダストリー4・0や中国のChina Manufacturing 2025のように長期的かつ包括的なヴィジョンがまずあり、そのヴィジョンにしたがい、毎年度の政策の立案、点検、改善が繰り返されていくべきなのである。ところが、日本の成長戦略はいつのまにか、予算獲得のために毎回表紙が変わるような週刊誌や月刊誌のような状態に陥っている。これでは国民は将来の日本経済の成長について確信をもった展望を描くことはできないだろう。

†生産性向上を目指した労働市場改革

もちろん、安倍政権で何も成長戦略の成果がなかったわけではない。例えば、二〇一五年一月に発表された農業改革は、農業にとっては大きな改革である。しかしながら日本における農業のシェアは五％にも満たず、大きな波及効果も期待できない。また、第五章でも述べたように、霞ヶ関の省や庁をまたがる改革にはほとんど手がつけられていない。これに対して、成長戦略ではないものの、小泉首相時代に金融担当大臣に就任した竹中平蔵氏が、不良債権の解消を目的に行った金融再生プログラムは、あらゆる産業及び企業が金融機関から資金を調達しているため、経済全体に影響が及んでいた。このプログラムは、確かに「痛みを伴う」改革だったが、この改革を通して、金融機関の健全性は回復し、世界金融危機の際には日本の金融機関への影響は比較的軽微に留まった。

アベノミクスでこうした資金市場の改革に匹敵する改革を行うとすれば、それは労働市場改革である。なぜならば労働力はあらゆる企業にとって不可欠な生産要素なので、経済全体に与える影響も大きくなるからだ。第五章では政府が二〇一八年に一連の労働市場改革法案を通したことを述べたが、労働市場の流動化を通した生産性向上という観点から見るとまだまだ不十分である。残業規制や同一労働同一賃金の順守が、どのような過程を経て生産性の向上につながるかというガイドラインがなければ、単に経済に混乱をもたらすだけで終わってしまう。同時に二〇一八年の成長戦略の特徴とされた外国人労働者の拡大も、現状のビジネススタイルを維持するだけに終わるならば、生産性の向上を促す政策とはなりえない。

†先進国全体の課題

ただ、これまで述べてきたアベノミクスの課題(①鈍い賃金上昇率及び物価上昇率の下での雇用の回復、②低い生産性上昇率、③累積する政府負債)は、③を除いて、世界金融危機後、日本以外の先進国でも見られる現象である。金融危機によって経済構造がどのように変化し、景気循環の局面をどのように変化させるかは、今後先進国経済を見る上で、共通の問題意識になるだろう。

もっとも日本経済の場合は、世界金融危機だけでこのような課題を抱えているわけではない。本書を通じて述べてきたように、一九九〇年代初頭のバブル崩壊から三〇年近くにわたって問題を抱え続けてきたのである。このため情報通信技術革新の普及では先進国だけでなくアジアの新興国にも後れをとり、他の先進国以上に生産性の伸びが低い期間が長くなった。実は現在の政府が抱えている問題は、世界金融危機以降に生み出された課題ではなく、三〇年近く前から我々が処理を誤り、そして解決に取り組まず放置してきた課題の累積なのである。このように考えると、我々が直面する課題は厳しく、一挙に解決しようとすれば大きな社会的摩擦を引き起こすところまで来ている。本書の最後に、今後我々はどのような道を辿る可能性があるかを大胆に考えてみよう。

†悲観的なシナリオ——生産性は低迷し負の循環が繰り返される

序章で述べたように、世紀の変わり目あたりから筆者は生産性に着目し、一般書や新書などで生産性向上策の必要性を訴えたが、それが本格的に取り上げられることはなかった。当時の日本は不良債権からの回復でほっと一息ついたところであり、本格的に生産性向上策を取り上げる風潮ではなかった。そのことを予想して、筆者は生産性の向上がなされなければ、「人々は余裕を失い、強いリーダーシップへの依存を強める」(宮川、二〇一六)と予想した。

その後の日本は、世界的金融危機を経ておおよそ予想された通りに動いた。世界金融危機を機に、日本経済は中国経済に抜かれ、その差は大きく広がっている。三〇年前に「もはや学ぶことは何もない」という評価を下した米国に対してもその差は広がるばかりである。一方でアジアの新興国との差は縮小し、世界中を旅行しても日本発の新製品を見ることはない。

こうした事態と東日本大震災の悲劇を受けて、日本の内向き志向は強まった。一〇年前に、これほどまでに内輪褒めのＴＶ番組が増えるとは誰が予想しただろうか。それも、その内容を見ると、世界を驚かせるような新たな技術や新製品の話ではなく、雇用や生産シェアが低い分野の話題である。もちろんそうした分野の紹介が悪いと言っているわけではない。しかし少子化が進み、生産性の高い産業が少なくなれば、現在評価されている日本の良き部分も引き継いでいくことはできない。日本を褒めたたえる番組は、こうした「不都合な真実」から目をそらし、多くの人々はそうした短期的な内輪褒め話に酔っているのである。

†市場経済を活用せず生産性は低迷

政府の政策も矛盾している。生産性の向上を謳いながら、一方で先進国では広がりを見せるシェアリング・エコノミーに対して強い規制をかけている。シェアリング・エコノミーの特徴は、稼働率の低い個人資産の有効な活用であると考えられる。こうした新しいアイデアは、二〇二〇年の東京オリンピックという一時的なプラスのショックの際に固定資産をできるだけ増加させず、景気変動をならすのに寄与するだろう。それを規制し、宿泊業界や輸送業界への需要増を固定化する資産の供給増で対応しようとすると、東京オリンピック後の需要減に対してまた新たな対応と財政支出策を考えなくてはならない。

これまでも政府は、多くの分野で市場経済のメカニズムを無視して需要と供給という数量的なギャップを埋めようとする政策を行ってきた。このことは日本企業に、過去と同じビジネスを続ければよいという姿勢を根づかせ、生産性を向上させるために仕事の仕方を変えようとする活力を失わせることになるだろう。

民間の活力が失われ、創意工夫がなくなれば、生産性は向上せず、様々な経済問題のために政府の民間経済への介入はますます多くなる。政府自身は一生懸命政策を打ち出すので、所得が上昇しない国民は、政府の介入を支持し経済の社会主義化はますます進むことになる。第二章で引用したクルーグマン教授が述べたように、社会主義化の中では生産性の向上は期待できない。実はこうした流れは、多かれ少なかれ長期停滞の中で進行してきた。今後の日本がこうした傾向を続けるならば、この先の一〇年は、経済的にはよりみじめなものとなり、我々の社会生活はより窮屈なものとなっているだろう。

もし、東京オリンピック後の景気後退が大きかったり、財政危機が顕在化するような大きな負のショックが経済にかかれば、その傾向は早まるかもしれない。ただ一〇年前の警告が徐々に実現していったように、本書でも悲観的な予測を現時点で真剣に受け止める人は少ないかもしれない。ボブ・ディランの名曲「転がる石のように」転落していく経済に自覚なく身を任せていくというのが、最も憂うべきシナリオなのだろう。

†スポーツや観光に見る明るいシナリオ

それでは、我々はこのままなすすべもなく国際舞台から徐々に姿を消していくのだろうか。必ずしもそうでない分野もある。明るい例を挙げるとすれば、それはスポーツの世界だ。経済と同じように国際的な競争を余儀なくされる世界で、日本の若い世代は、かつてない活躍を見せている。このことは以下の数字が証明している。

日本のオリンピックにおけるメダル数は、一九六四年に開催された東京オリンピック（金・銀・銅合わせて二九個）の後、低下傾向を辿り、一九八八年のソウルオリンピックや一九九六年のアトランタオリンピックの時期には、メダル総数は一四個までに落ち込んでいた。しかしその後再び獲得メダル数は増え始め、二〇一六年のリオデジャネイロオリンピックでは過去最高の四一個のメダルを獲得した。平昌《ピョンチャン》における冬季オリンピックでの日本のアスリート達の活躍も記憶に新しい。サッカーも一九九八年以来六大会連続でワールドカップに出場し、うち半数の三回決勝トーナメントに進んでいる。サッカーだけでなく、

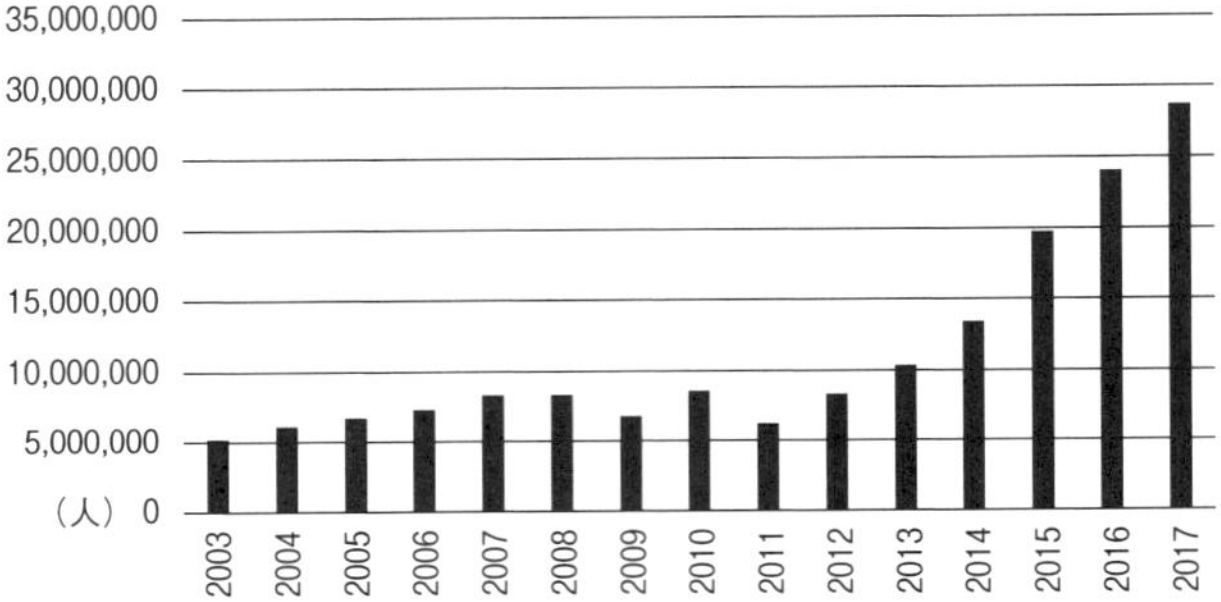

図6－8　訪日観光客数の推移
出典　日本政府観光局

陸上、水泳、卓球、バドミントン、テニス、ラグビー、スピードスケート、フィギュアスケートなど多くの種目で、国際的な活躍が我々の目を引いている。「失われた二五年」と言われた時期に、アスリートが多い年齢層である二〇代の人口は減少の一途を辿っているが、世界の舞台における日本スポーツ界の成果はむしろ上昇している。これはデータを駆使して指導方法や選手の体調管理などを改善し、学校の体育教育に頼らず、スイミングクラブ、サッカークラブなどを活用して、若手を育成するための制度を作りあげてきたことが大きい。またラグビーのように優秀な外国人コーチや外国人選手を活用して世界と互角に戦えるようになったスポーツもある。

スポーツ以外にも国際化の中で日本が評価されている分野がある。それは観光だ。二〇〇〇年代に一〇〇〇万人にも満たなかった訪日観光客数は、二〇一〇年代に入って大きく伸び、二〇一七年の訪日観光客数は二八〇〇万人を超え、二〇二〇年の東京オリンピック時には四〇〇〇万人の達成を視野に入れる増加ぶりである（図6-8）。

こうした急成長の背景には、元々日本の観光資源が優れていたことが挙げられる。また円安も大きな要因の一つだろう。ただ為替レートは、二〇〇〇年代も円安傾向だったが、当時地方自治体は、こうした観光資源を積極的に海外にアピールすることを怠っていた。しかし二〇〇八年一〇月に観光庁が設立されると、一転して訪日観光客の積極的誘致へと舵を切ったのである。ビザの発給要件の緩和とアジア諸国の所得の増加が、二〇一〇年代に入って功を奏したと言える。こうした転換が可能になったのには、少子化による地方経済の疲弊、縮小があるが、それを自らが有する資源の新たな活用によって克服しようとしている例として捉えることができる。

この部分の原稿は、ロサンゼルスのリトル・トーキョーにあるホテルで書いているが、同じ場所に数年前来た時に比べて観光客が格段に増えている。日本への興味が増すと同時に日本食への評価も高まったことを実感している。

†成功例から何を学ぶか

スポーツにおけるメダル数や観光客数は、ある種の産出物であり、これらの増加は生産性の増加を窺わせる（もっとも、同時に投入量も増えていると考えられるが）。どちらにも共通して言えることは、「前例踏襲」からの脱却だろう。多くのスポーツは根性主義から脱却し、科学データに基づいた合理的なトレーニングを導入しており、根性主義的な指導法は明確な批判の対象となっている。平昌オリンピックで好成績を収めたスピードスケートなどはその好例と言えるだろう。また国際大会への選考過程も透明性のある選考が増えている。

一方、観光についても、従来の消極的な姿勢を捨てて、積極的に観光客を受け入れる姿勢に転じたことが大きい。スポーツと同様、人材の育成も行われている。こうしたことを、第三章や第四章で見た生産性の要因にあてはめると、人材の育成や組織の変革の部分が、生産性向上のために日本に求められている部分だということがわかる。こうしたことはおそらく多くの日本企業にあてはまるはずだ。

†競争性、合理性、多様性

日本のスポーツや観光業における成功例を、再度将来に向けての生産性向上と関連づけて考えると次のような要件が浮かび上がる。

まず第一は、競争環境の整備である。スポーツは当然のことながら、観光についても各地域間の集客競争があるからこそ、消極的な姿勢から積極的な姿勢への転換が起きる。何度も強調するが、生産性は市場経済のメカニズムを利用することでしか、持続的な上昇は期待できない。したがってすでに指摘したように、政府が業界保護的な姿勢を維持する限り生産性の向上は望めない。移民政策も従来型業務を続けるための対策であれば、それは、社会的な安定化政策の観点からも望ましくない。

第二は、合理的思考の活用である。スポーツ界は精神論を薄め、データによる合理的トレーニングを取り入れていくことで、成果を上げてきている。観光業も非合理的なサービスを見直し、それを合理的なサービスに切り替えていくことで、幅広い顧客を獲得していこうとしている。生産性の向上はこうした合理的な思考の延長線上で達成されていくのである。

最後に必要なのは多様性である。少子化の中では、様々な分野で、合理的かつ専門的な人材が国内から常に供給できるとは限らない。またそうした人材を育成するにしても時間がかかる。このためスポーツの例で言えば、データに基づいた合理的な指導を行うコーチを外国から招くことは当たり前になっている。また観光業でも訪日客向けに多くの外国人を雇用している。

一般的な企業もこの点はすでに認識しており、第五章で述べたように、早期に人材育成や組織改革を行えない場合は、組織と人材を短期間で獲得するM&A（企業買収、Merger and Acquistion）を行っている。日本の企業買収は必ずしも成功しているとは言えないが、それでもその件数は年を追うごとに増加している。

なお外国人雇用に関する三番目の見方は、一番目の考え方と矛盾しているように見えるかもしれない。しかし、一番目は単に数量的な人手を補うために外国人の力を借りるという方向であり、こうした姿勢は必ずしも働く側の意欲を向上させない。また生産性も向上しないため所得の増加も期待できない。しかし最後の考え方は、新たな仕事に対して積極的に専門性を評価したうえで、外国人の雇用を行うという考え方である。この場合は雇用される側の意欲も高まり、また生産性の向上とともに所得の増加も期待できる。

多様性は国籍に限らない。新たなイノベーションを生み出す上でも多様性は不可欠である。多くの企業人や研究者には周知のことだが、最初から成功や有用性が約束された研究などはない。多くの研究は好奇心と手探り状態の仮説づくりや実験から始まる。この手探り状態から人類は、世界をより深く認識し、新たな技術を開発してきたのである。研究開発には資金を要し、制約が生じるのはやむを得ないことだが、初めから多様性を否定したところにおそらく良い成果は生まれないだろう。

†新しい時代にふさわしいヴィジョンの必要性

競争性、合理性、多様性は、生産性向上に不可欠の要素だが、それを個々の企業の努力で終わらせないためには、やはり政府の長期ヴィジョンが欠かせない。スポーツ界も観光業もオリンピックや観光客数の増加という目標を持っているからこそ、より良いトレーニングや仕事の仕方に取り組んでいける。アベノミクス自身も、それが宣言された時点では、個々の政策の精度や見通しよりも、世界金融危機からの回復を確実なものにするという強い意志が多くの国民に受け入れられたと考えられる。

その意味で、可能性が高い悲観的シナリオを払拭するためにも、もう一度競争性、合理性、多様性を前提とした経済政策の下で、長期的に生産性向上を図るという長期的なヴィジョンの作成が必要だろう。

少し突飛な発想だが、筆者は、市場経済というのはサッカーに似ていると考えている。両者ともに基本ルールが少ないために、世界各国に広がっている。それではどの国でも、どのチームでも同じようなサッカーをやっているかというとそうではない。ワールドカップを見ていても、守備重視のサッカーもあれば、攻撃的なサッカーもある。またパス重視の戦略もあれば、カウンター攻撃を主体とするチームもあるなど、戦略は無数にあり各チームとも個性を競い合っている。

市場経済を採用する国々も同じである。市場経済の基本を維持しつつ、成長や生産性向上を達成するためには、それぞれの国の文化や個性を反映すればよい。恐らく長期ヴィジョンなど必要ないという国もあるだろうが、日本の場合は、組織ごとや国で適切な長期ヴィジョンがあった方が動きやすく活力が生まれると考えられる。しかし政府の過剰な介入が、競争性、合理性、多様性を損なうようであれば、市場経済の良さも消え、日本経済は閉塞状況に陥るだろう。

一九世紀の大経済学者、ジョン・スチュアート・ミルは、イギリスのセント・アンドリューズ大学（現在のウィリアム王子夫妻の出身校）の学長就任に際して、各学問の重要性と特徴を紹介している。その中で経済学は、「不愉快な事実を認める」学問であると位置づけられている。しかし彼は、海に乗り出す際に直面する非情な風や波を例にとり、経済学というのは、その「風や波を上手に利用してその危険から逃れる方法」にあたるとしている。バブル崩壊から四半世紀の間、日本は経済の分野で国際競争に後れを取り続けてきたことは間違いがない。それには様々な要因があるが、一つには経済学が映し出す「不愉快な事実」から目を背け、強風や荒波を制御する術を上手く活用してこなかったことを挙げてもよいだろう。

長期ヴィジョンは、まさにこの「羅針盤」に相当する。残念ながら「平成」という時代は、経済から見れば「停滞の時代」として記憶されるかもしれない。しかし新たな時代にふさわしい長期ヴィジョンをもとに、活力ある経済社会が実現できれば、平成時代は日本経済の復活を準備していた時代として再評価されるだろう。

あとがき

生産性に関する一般向け書籍は、二〇〇六年に出版した『日本経済の生産性革新』（日本経済新聞社）に次いで、二冊目である。この間、日本だけでなく生産性に関する研究や著作は飛躍的に増加した。新興国が、長年にわたり先進国を牽引していた産業で優位性を獲得する中、日本だけでなく先進国全体で、かつてのリーディング産業に代わる新たな産業や、新技術をどのように伸ばしていけばよいかを多くの研究者や政策担当者が考えているからだろう。

なかでも企業レベルの生産性向上をめぐる議論は、飛躍的に厚みを増した。今回の著作では、ここ十年にわたる生産性をめぐる研究成果の一部をわかりやすく取り込んだつもりである。

一方で日本経済をめぐる環境は、この十年でほとんど改善していない。筆者は前作を発表した時の方が、日本経済の先行きについて楽観的であった。当時は日本経済の規模は世界第二位であり、不良債権処理も一段落し前向きの政策へ転換するにはちょうど良い時期だと思われたからである。ただその後の日本経済は、筆者が予想したようには進まなかった。十年後の現在は、経済規模でも新しい技術の分野でも米国や中国に大きく引き離され、キャッチアップすら覚束ない状況になってしまっている。もし二〇〇六年の時点で、日本の経済規模が中国の三分の一になり、新たなビジネスが中国からどんどん生まれるようになるだろうと予測したら、一笑に付されていただろう。さらに遡って、一九八〇年代後半に「もはや米国に学ぶものは何もない」と豪語していたビジネスマンはどのような思いでいるのだろうか。

ここに至って、ようやく「生産性」に焦点が当たったことは、個人的には嬉しいのだが、あらためて故ミルトン・フリードマン教授が指摘した「認知のラグ（足元の経済の状況を認識することに時間を要すること）」を強く感じざるを得ない。しかし戻らぬ過去を振り返っても仕方がない。日本人は外からのショックには強く、内からの改革が苦手だと言われる。確かに石油危機やプラザ合意後の円高ショックからの回復やバブル崩壊後の長期低迷を見れば、その指摘は当たっていると言える。近年の少子化の顕在化を日本経済にとって深刻なショックと受け止め、危機感を持って生産性向上に取り組めるかどうかが、今後の日本の経済社会の行く末を左右すると言えるだろう。その意味で日本経済は正念場を迎えている。

本書のほとんどは書き下ろしだが、一部図表を中心として、過去の著作、「生産性を考える」『経済セミナー』(二〇一七年八、九月号)、「無形資産の概念整理と企業パフォーマンスへの影響」『証券アナリストジャーナル』(二〇一八年七月号)、「特区　生産性向上に寄与」日本経済新聞『経済教室』(二〇一七年二月九日)、「規制改革　経済成長を促進させるのか」『週刊エコノミスト』(二〇一三年一二月二三日号)を利用している。また、日本生産性本部の『生産性新聞』では、第二章と第三章の初期段階での原稿を掲載させていただいた。筆者自身の研究成果もわかりやすい形で使っている。最近は共同研究が多く、筆者とともに生産性の分析に参加して下さった方々の名については参考文献をご覧いただきたいが、その御助力には深く感謝している。

序章でも述べているが、日本における生産性研究をリードし、常に新たな刺激を与えてくれた深尾京司一橋大学教授には特に深く感謝したい。図表の作成を手伝ってくれた学習院大学経済学研究科の柿埜真吾氏にも感謝したい。また生産性関連のプロジェクトを支え続けてくれた独立行政法人経済産業研究所にも大変お世話になった。文部科学省の科学技術研究費基盤研究（S）「サービス産業の生産性：決定要因と向上策」（課題番号：16H06322）および科学技術研究費基盤研究（B）「複数財企業の生産性向上要因の研究」（課題番号：18H00852）、学習院大学東洋文化研究所、経済学部経済経営研究所からの支援にも助けられた。

本書は、私自身初めての新書となる。執筆前に筑摩書房の松田健さんは、生産性に関するこれまでの研究を、誤解のないようにわかりやすく説明した書籍を作って下さい、と言って下さった。最近は、ことさら日本の明るさや素晴らしさを過度に強調する書籍やTV番組が盛んだが、本当にこの国の明るい未来を展望するためには、現状に関する公平な判断が基礎になくてはならないだろう。その意味で松田さんと後から助けていただいた山本拓さんの励ましには力を得た思いだった。心より感謝したい。

記録的な猛暑となった二〇一八年八月　目白にて

宮川　努

参考文献一覧

序章

池尾和人（一九九五）『金融産業への警告――金融システム再構築のために』東洋経済新報社
岩田規久男（一九九三）「金融機関の不良債権――買取機構に日銀特融を」日本経済新聞『経済教室』一二月一五日
香西泰・野口悠紀雄（一九九二）「景気をどう読む」日本経済新聞『Sunday Nikkei』七月一二日
前田裕之（二〇一五）『ドキュメント　銀行』Discover 21
宮川努（一九九三）「金融機関の「貸し渋り」解消　審査機能の正常化が急務」日本経済新聞『経済教室』五月二六日
デービッド・アトキンソン（二〇一四）『イギリス人アナリスト日本の国宝を守る――雇用400万人、GDP8パーセントへの提言』講談社＋α新書

第一章

川上淳之（二〇一三）「起業家資本と地域の経済成長」『日本経済研究』六八号、一～二二ページ
後藤康雄（二〇一四）『中小企業のマクロ・パフォーマンス――日本経済への寄与度を解明する』日本経済新聞出版社

塩路悦朗（二〇一三）「生産性要因、需要要因と日本の産業間労働配分」『日本労働研究雑誌』五五巻一二号、三七〜四九ページ

滝澤美帆（二〇一六）「日米産業別労働生産性水準比較」日本生産性本部『生産性レポート』二号、一二月

徳井丞次・牧野達治（二〇一八）「R－JIPデータベースの特徴と作成方法」徳井丞次編『日本の地域別生産性と格差——R－JIPデータベースによる産業別分析』第一章、東京大学出版会

深尾京司（二〇一二）『「失われた20年」と日本経済——構造的原因と再生への原動力の解明』日本経済新聞出版社

深尾京司・池内健太（二〇一七）「サービス品質の日米比較」日本生産性本部『生産性レポート』四号、七月

深尾京司・池内健太・滝澤美帆（二〇一八）「質を調整した日米サービス産業の労働生産性水準比較」日本生産性本部『生産性レポート』六号、一月

深尾京司・宮川努編（二〇〇八）『生産性と日本の経済成長——JIPデータベースによる産業・企業レベルの実証分析』東京大学出版会

森川正之（二〇一四）『サービス産業の生産性分析——ミクロデータによる実証』日本評論社

森川正之（二〇一六）『サービス立国論——成熟経済を活性化するフロンティア』日本経済新聞出版社

Fukao, Kyoji and Hyeog Ug Kwon（2006）"What Did Japan's TFP Growth Slow Down in the Lost Decade? An Empirical Analysis Based on Firm-Level Data of Manufacturing Firms" *The Japanese Economic Review* 57（2）, pp. 195-228.

Syverson, Chad（2011）"What Determines Productivity?" *Journal of Economic Literature* 49（2）, pp. 326-365.

第二章

岩田規久男・宮川努編（二〇〇三）『失われた10年の真因は何か』東洋経済新報社

黒田昌裕・新保一成・野村浩二・小林信行（一九九七）『KEOデータベース——産出および資本・労働投入の測

定』慶應義塾大学産業研究所
香西泰・荻野由太郎（一九八〇）『日本経済展望』日本評論社
篠崎彰彦（二〇〇三）『情報技術革新の経済効果――日米経済の明暗と逆転』日本評論社
社会経済生産性本部（二〇〇五）『生産性運動50年史』社会経済生産性本部
中山伊知郎（一九五五）「生産性問題の本質と課題」『生産性向上ニューズ』第一号、日本生産性本部
西村清彦・峰滝和典（二〇〇四）『情報技術革新と日本経済――「ニュー・エコノミー」の幻を超えて』有斐閣
浜田宏一・堀内昭義・内閣府経済社会総合研究所編（二〇〇四）『論争日本の経済危機――長期停滞の真因を解明する』
深尾京司（二〇〇八）「生産性研究報告――日本の生産性すでに改善」日本経済新聞『経済教室』五月九日
福田慎一（二〇一八）『21世紀の長期停滞論――日本の「実感なき景気回復」を探る』平凡社新書
Acemoglu, Daro., Dorn, D., Hanson, G. H., and Price, B.（2014）"Return of the Solow Paradox? IT, Productivity, and Employment in US Manufacturing," *The American Economic Review*, *104(5)*, pp. 394-399.
Aghion, Phillipe, Antonin Bergeaud, Timo Boppart, Peter j. Klenow., and Huiyu Li.（2017）"Missing Growth from Creative Destruction" National Bureau of Economic Research Working Paper Series No. 24023.
Bloom, Nicholas, Charles Joense, John Van Reenen, and Michael Webb（2017）"Are Ideas Getting Harder to Find?" NBER Working Paper Series No. 23782.
Byrne, David. M., John G. Fernald, .and Marshall B. Reinsdorf（2016）"Does the United States Have a Productivity Slowdown or a Measurement Problem?" *Brookings Papers on Economic Activity*, Spring, pp. 109-157.
Brynjolfsson, Erik, and Andrew McAfee（2011）*Race against the Machine: How the Digital Revolution is Accelerating Innovation, Driving Productivity, and Irreversibly Transforming Employment and the Economy*. Lexington, Massachusetts: Digital Frontier Press.（邦訳：エリック・ブリニョルフソン、アンドリュー・マカフィー〔二〇

一三〕『機械との競争』村井章子訳、日経BP社)

Brynjolfsson, Erik, and Andrew McAfee (2014) *The Second Machine Age : Work, Progress, and Prosperity in a Time of Brilliant Technologies*, New York : W. W. Norton.（邦訳：エリック・ブリニョルフソン、アンドリュー・マカフィー〔二〇一五〕『ザ・セカンド・マシン・エイジ』村井章子訳、日経BP社）

Brynjolfsson, Erik, Daniel Rock, and Chad Syverson (2017) "Artificial Intelligence and Modern Productivity Paradox: A Clash of Expectations and Statistics" NBER Working Paper Series No. 24001.

Comin, Diego, and Martin Gertler (2006) "Medium-term Business Cycles," *American Economic Review*, *96(3)*, pp. 523-551.

Gordon, Robert J. (2016) *The Rise and Fall of American growth: the U.S. standard of living since the Civil War*, Princeton University Press.

Hansen, Alvin. H. (1939) "Economic Progress and Declining Population Growth" *The American Economic Review*, *29(1)*, pp.1-15.

Hayashi, F., and Prescott, E. C. (2002) "The 1990s in Japan: A Lost Decade," *Review of Economic Dynamics*, *5(1)*, pp.206-235.

Hsieh, Chang-Tai., and Peter J. Klenow, (2017) "The Reallocation Myth", presented at the Federal Reserve of Kansas City Economic Symposium, *Fostering a Dynamic Global Economy*.

Jorgenson, Dale, W., Frank M. Gollop, and Barbara M. Fraumeni, (1987) *Productivity and U.S. Economic Growth*, Cambridge, Mass: Harvard University Press.

Jorgenson, Dale. W. and Zvi Griliches, (1967) "The Explanation of Productivity Change". *The Review of Economic Studies*, *34(3)*, pp.249-283.

Jorgenson, Dale. W., Mun S. Ho, and Kevin J. Stiroh (2005) *Information Technology and the American Growth*

Resurgence, Cambridge, MA: MIT Press.

Krugman, Paul.（1990）*The Age of Diminished Expectations: U.S. Economic Policy in the 1990s*, Cambridge, Mass: MIT Press.（邦訳：ポール・クルーグマン〔一九九〇〕『予測90年代、アメリカ経済はどう変わるか。』長谷川慶太郎訳・解説、ＴＢＳブリタニカ）

Krugman, Paul.（1994）“The Myth of Asia's Miracle,” *Foreign affairs*, pp.62-78.（邦訳：ポール・クルーグマン〔二〇〇〇〕「アジアの奇跡という幻想」『良い経済学 悪い経済学』山岡洋一訳、日経ビジネス人文庫、二三一〜二五八ページ）

OECD（2001）*Measuring Productivity - OECD Manual: Measurement of Aggregate and Industry-level Productivity Growth*, Paris: OECD Publishing.（邦訳：ポール・シュライアー〔二〇〇九〕『ＯＥＣＤ生産性測定マニュアル——産業レベルと集計の生産性成長率測定ガイド』清水雅彦監訳、佐藤隆、木崎徹訳、慶應義塾大学出版会）

Prescott, Edeward（1998）“Lawrence R. Klein Lecture 1997: Needed: A Theory of Total Factor Productivity”, *International Economic Review*, 39(3), pp. 525-551.

Ricardo, David（1821）*On the Principles of Political Economy and Taxation*, London : John Murray.（邦訳：デビッド・リカードウ〔一九八七〕『経済学および課税の原理』羽鳥卓也、吉沢芳樹訳、岩波文庫他邦訳多数）

Smith, Adam（1776）*An Inquiry into the Nature and Causes of the Wealth of Nations*. 1（1 ed.）. London: W. Strahan.（邦訳：アダム・スミス〔一九四九〕『国富論』大河内一男監訳、中公文庫他邦訳多数）

Solow, Robert（1956）“A Contribution to the Theory of Economic Growth” *Quarterly Journal of Economics 70（1）* pp. 65-94.

Solow, Robert（1957）“Technical Change and the Aggregate Production Function” Review of Economics and Statistics 39(3), pp. 312-320.

Solow, Robert（1987）“We'd better watch out,” *New York Times（July 12）*, Book Review, 36.

Summers, Laurence (2015) "Demand Side Secular Stagnation" *American Economic Review Papers and Proceedings* 105 (5) pp. 60-65.
Syverson, Chad, (2017) "Challenges to Mismeasurement Explanations for the U.S. Productivity Slowdown" *Journal of Economic Perspectives* Spring.
Young, Alwyn (1995) "The Tyranny of Numbers: Confronting the Statistical Realities of the East Asian Growth Experience" *The Quarterly Journal of Economics, 110(3)*, pp.641-680.

第三章

池内健太・金榮愨・権赫旭・深尾京司（二〇一三）「製造業における生産性動学とR&Dスピルオーバー」一橋大学経済研究所『経済研究』六四、二六九〜二八五ページ
猪木武徳（二〇一六）『増補　学校と工場――二十世紀日本の人的資源』ちくま学芸文庫
榊原清則・辻本将晴（二〇〇四）「日本企業の研究開発効率性はなぜ低下したのか」経済社会総合研究所『経済分析』一七二号、八〇〜九一ページ
鈴木和志・宮川努（一九八六）『日本の企業投資と研究開発戦略――企業ダイナミズムの実証分析』東洋経済新報社
二神孝一・堀敬一（二〇〇九）『マクロ経済学』有斐閣
宮川努・淺羽茂・細野薫編（二〇一六）『インタンジブルズ・エコノミー――無形資産投資と日本の生産性向上』東京大学出版会
元橋一之（二〇〇九）「日本企業の研究開発資産の蓄積とパフォーマンスに関する実証分析」内閣府経済社会総合研究所企画・監修、深尾京司編『マクロ経済と産業構造』慶應義塾大学出版会
森川正之（二〇一八）「企業の教育訓練投資と生産性」RIETI Discussion Paper Series 18-J-021.
Bloom, Nicholas, Charles Joense, John Van Reenen, and Michael Webb (2017) "Are Ideas Getting Harder to Find?"

National Bureau of Economic Research Working Paper Series No. 23782.
Corrado, Carol, Charles Hulten, and Daniel Sichel（2009）"Intangible Capital and U.S. Economic Growth" *Review of Income and Wealth, Vol.55(3)*, pp.661–685.
Haskel, Jonathan, and Stian Westlake（2017）*Capitalism without Capital*, Princeton University Press.
Griliches, Zvi, and Jacques Mairesses（1990）"R&D and Productivity Growth: Comparing Japanese and U.S. Manufacturing Firms" C. Hulten ed., *Productivity Growth in Japan and the United States*, Chicago, University of Chicago Press.
Kwon, Hyeog Ug, and Tomohiko Inui（2003）"R&D and Productivity Growth in Japanese Manufacturing Firms" ESRI Discussion Series Paper, No. 44.
Miyagawa, Tsutomu, Yukiko Ito, and Nobuyuki Harada（2004）"The IT Revolution and Productivity Growth in Japan", *Journal of the Japanese and International Economics 18*, 352–389.

第四章

枝村一磨・宮川努・金榮愨・鄭鎬成（二〇一六）「経営管理とR＆D活動」『インタンジブルズ・エコノミー――無形資産投資と日本の生産性向上』東京大学出版会、第四章
川上淳之・浅羽茂（二〇一六）「経営管理と企業価値」『イニタンジブルズ・エコノミー』第三章、東京大学出版会
川上淳之・宮川努（二〇一三）「日本企業の製品転換とその要因」財務省財務総合政策研究所『フィナンシャル・レビュー』一一二号、五五〜七九ページ
丹羽清編（二〇一三）『技術経営の実践的研究――イノベーション実現への突破口』東京大学出版会
深尾京司（二〇一二）『「失われた20年」と日本経済――構造的原因と再生への原動力の解明』日本経済新聞出版社
Bernard, Andrew, Stephan Redding, and Schott（2009）"Multiple-Product Firms and Product Switching" *American*

Economic Review 100, pp. 70–97.

Bloom, Nicholas, Raffaella, Sadun, and John Van Reenen（2012）, "Americans Do IT Better: US Multinationals and the Productivity Miracle" *American Economic Review 102*, pp. 167–201.

Bloom, Nicholas, and John Van Reenen（2007）, "Measuring and Explaining Management Practices across Firms and Countries," *Quarterly Journal of Economics 122*, pp. 1351–1408.

Bloom, Nicholas, and John Van Reenen（2010）"Why Do Management Practices Differ across Firms and Countries?" *Journal of Economic Perspectives 24*, pp. 203–224.

Fukao, Kyoji, Tomohiko Inui, Shigesaburo Kabe, and Dequiang Liu（2008）"A International Comparison of the TFP Level of Japanese, South Korean, and Chinese Listed Firms" *Seoul Journal of Economics, Vol 21（1）* pp.5–38.

Hall, Robert（2001）, "The Stock Market and Capital Accumulation", *American Economic Review* 91, pp. 1185–1202.

Lucas, Robert E., Jr.（1978）'On the Size Distribution of Business Firms,' *Bell Journal of Economics, 9*, pp. 508–523.

Miyagawa, Tsutomu, Miho Takizawa, and Kazuma Edamura（2015）"Does the Stock Market Evaluate Intangible Assets? An Empirical Analysis Using Data of Listed Firms in Japan"Ahmed Bounfour and Tsutomu Miyagawa（eds.）, *Intangibles, Market Failure, and Innovation Performance*, Springer, Hidelberg.

Miyagawa, Tsutomu, Miho Takizawa, and Konomi Tonogi（2017）"Can Intangible Investments Ease Declining Rate of Return on Capital in Japan?" *International Productivity Monitor 33*, pp. 114–127.

第五章

小宮隆太郎（一九七五）『現代日本経済研究』東京大学出版会

鶴光太郎（二〇一六）『人材覚醒経済』日本経済新聞出版社

根本祐二（二〇一一）『朽ちゆくインフラ——忍び寄るもうひとつの危機』日本経済新聞出版社
橋本陽子（二〇一四）「ハルツ改革後のドイツの雇用政策」『日本労働研究雑誌』六月号
星岳雄・アニル・カシャップ（二〇一三）『何が日本の経済成長を止めたのか——再生への処方箋』日本経済新聞出版社
宮川努（二〇一七）「特区　生産性向上に寄与」日本経済新聞『経済教室』二月九日
宮川努・川崎一泰・枝村一磨（二〇一三）「社会資本の生産力効果の再検討」『経済研究』六四（三）、二四〇〜二五五ページ
宮川努・川崎一泰・枝村一磨（二〇一八）「資源配分の変化に伴う地域の生産性向上と経済政策の役割——社会資本整備か規制緩和か」徳井丞次編『日本の地域別生産性と格差——R-JIPデータベースによる産業別分析』第七章、東京大学出版会近刊
八代尚宏（二〇一五）『日本的雇用慣行を打ち破れ——働き方改革の進め方』日本経済新聞出版社
八代尚宏・日本経済研究センター編（二〇〇四）『新市場創造への総合戦略——規制改革で産業活性化を』
Nicoletti, G., and F. Pryor (2006), "Subjective and Objective Measures of Governmental Regulations in OECD Nations" *Journal of Economic Behavior and Organization 59*, pp.433-449.
Pryor, F. (2002), "Quatitative Notes on the Extent of Governmental Regulations in Various OECD Nations" *International Journal of Industrial Organization 20*, pp.693-715.

第六章

早川英男（二〇一六）『金融政策の「誤解」——〝壮大な実験〟の成果と限界』慶應義塾大学出版会
宮川努（二〇〇五）『日本経済の生産性革新』日本経済新聞社

宮川努・徳井丞次（一九九四）『円高の経済学――国際競争力の変化と経常黒字問題』東洋経済新報社
Mill, John Stuart（1867）Inaugural Address delivered to the University of St. Andrews.（邦訳：J・S・ミル〔二〇一一〕『大学教育について』竹内一誠訳、岩波文庫）

ちくま新書
1368

生産性《せいさんせい》とは何《なに》か
——日本経済《にほんけいざい》の活力《かつりょく》を問《と》いなおす

二〇一八年一一月一〇日　第一刷発行

著者　宮川　努（みやがわ・つとむ）
発行者　喜入冬子
発行所　株式会社　筑摩書房
東京都台東区蔵前二-五-三　郵便番号一一一-八七五五
電話番号〇三-五六八七-二六〇一（代表）
装幀者　間村俊一
印刷・製本　三松堂印刷　株式会社

ISBN978-4-480-07189-7 C0233

ちくま新書

831
現代の金融入門【新版】
池尾和人

情報とは何か。信用はいかに創り出されるのか。金融の本質に鋭く切り込みつつ、平明かつ簡潔に解説した定評ある入門書。金融危機の経験を総括した全面改訂版。

1023
日本銀行
翁邦雄

アベノミクスで脱デフレに向けて舵を切った日銀は、本当に金融システムを安定させられるのか。金融政策の第一人者が、日銀の歴史と多難な現状を詳しく解説する。

1268
地域の力を引き出す企業
——グローバル・ニッチトップ企業が示す未来
細谷祐二

地方では、ニッチな分野で世界の頂点に立つ「GNT」企業の存在感が高まっている。その実態を紹介し、国や自治体の支援方法を探る。日本を救うヒントがここに!

1274
日本人と資本主義の精神
田中修

日本経済の中心で働き続けてきた著者が、日本人の精神から、日本型資本主義の誕生、歩み、衰退の流れを様々な資料から丹念に解き明かす。再構築には何が必要か?

1260
金融史がわかれば世界がわかる〔新版〕
——「金融力」とは何か
倉都康行

金融取引の相関を網羅的かつ歴史的にとらえ、資本主義がどのように発展してきたかを観察。旧版を大幅に改訂し、実務的な視点から今後の国際金融を展望する。

1222
イノベーションはなぜ途絶えたか
——科学立国日本の危機
山口栄一

かつては革新的な商品を生み続けていた日本の科学産業はなぜダメになったのか。シャープの危機や日本政府のベンチャー育成制度の失敗を検証。復活への方策を探る。

1061
青木昌彦の経済学入門
——制度論の地平を拡げる
青木昌彦

社会の均衡はいかに可能なのか? 現代の経済学を主導した碩学の知性を一望し、歴史的な連続/不連続性のなかで、ひとつの社会を支えている「制度」を捉えなおす。